大学
计算机基础

长沙医学院 ◎ 组编

马俊　金智　刘翠翠 ◎ 主编

李红艳　汪一百　曾芳琴　孙华 ◎ 副主编

人民邮电出版社

北 京

图书在版编目（CIP）数据

大学计算机基础 / 马俊，金智，刘翠翠主编.

北京 : 人民邮电出版社，2025. -- ISBN 978-7-115

-68028-0

Ⅰ. TP3

中国国家版本馆 CIP 数据核字第 2025P9W464 号

内 容 提 要

本书结合当前信息技术的发展趋势，注重理论与实践的结合，通过通俗易懂的文字，翔实的案例，系统地介绍计算机基础知识。本书内容包括计算机与计算思维、计算机中信息的表示、计算机系统、文字处理软件 Word 2016、电子表格处理软件 Excel 2016、演示文稿处理软件 PowerPoint 2016、计算机网络基础知识、大数据与人工智能。本书旨在帮助读者构建扎实的计算机基础知识体系，培养利用计算机技术解决实际问题的能力。

本书可作为高等学校计算机基础课程的教材，也可作为计算机基础相关培训的参考书。

◆ 主　编　马　俊　金　智　刘翠翠
　　副主编　李红艳　汪一百　曾芳琴　孙　华
　　责任编辑　王梓灵
　　责任印制　马振武

◆ 人民邮电出版社出版发行　　北京市丰台区成寿寺路 11 号
　　邮编　100164　电子邮件　315@ptpress.com.cn
　　网址　https://www.ptpress.com.cn
　　三河市君旺印务有限公司印刷

◆ 开本：787×1092　1/16
　　印张：13.5　　　　　　　　2025 年 9 月第 1 版
　　字数：295 千字　　　　　　2025 年 9 月河北第 1 次印刷

定价：59.80 元

读者服务热线：(010)53913866　印装质量热线：(010)81055316
反盗版热线：(010)81055315

编 委 会

前　言

随着信息化高速发展，计算机已经成为推动社会进步和经济发展的重要力量。无论是科学研究、工程设计、商业管理还是日常生活，计算机都扮演着不可或缺的角色。因此，掌握计算机基础知识和应用技能，对于每一位大学生而言，不仅是专业学习的需要，更是未来职业生涯和个人发展的必备能力。

正是基于这样的背景，编者精心编写了本书。本书旨在为高等学校非计算机专业的广大学生提供一个较为全面、系统、实用的计算机基础学习平台，帮助他们从零开始，逐步构建扎实的计算机知识体系，培养解决实际问题的能力。

在内容设计上，编者遵循"由浅入深、循序渐进"的原则，力求做到理论与实践并重。全书共分为8章，从计算机与计算思维开始讲述，逐步深入计算机中信息的表示、计算机系统、常用办公软件的应用、计算机网络基础知识、大数据与人工智能等内容。每一章都配备了丰富的实例和练习题，旨在帮助读者更好地理解和掌握所学知识。

本书倡导"以学生为中心、以实践为导向"的理念，鼓励读者通过动手实践来加深理解，通过解决实际问题来提升能力。为此，书中穿插了大量的案例分析，并配备了《大学计算机基础实践教程》一书作为实践教材，旨在培养读者的创新思维和实践能力。

此外，编者还特别注重本书的时效性和前瞻性。在编写过程中，编者密切关注计算机技术的最新发展动态，力求将最新的技术成果和行业标准融入本书。同时，编者也鼓励读者在学习过程中保持对新技术的敏感性和好奇心，不断拓宽自己的视野。

最后，感谢所有参与本书编写的老师和审稿的专家，他们的辛勤付出和无私奉献为本书的顺利出版奠定了坚实的基础。同时，编者也衷心希望广大读者能够喜欢本书，并从中受益。由于编者水平有限，书中难免有不足之处，恳请广大读者批评指正。

为了便于学习和使用，我们提供了本书的配套资源。读者扫描并关注下方的"信通社区"二维码，回复数字68028，即可获得配套资源。

"信通社区"二维码

编者

2025 年 4 月

目　录

第 1 章

计算机与计算思维

【知识目标】

　　① 了解计算机的产生与发展。

　　② 掌握计算机的分类与应用。

　　③ 了解计算机的基本理论知识和技术框架。

【技能目标】

　　① 培养计算思维，理解计算思维的方式，掌握计算思维的应用方法。

　　② 熟练运用计算机的基本理论，解决本专业及相关学科问题。

　　③ 掌握计算机的基本应用技术，能够在数字化、网络化和智能化的社会环境中学习和工作。

【素质目标】

　　① 培养学生运用创新思维解决复杂问题的能力。

　　② 激发学生对计算机科学的学习兴趣，培养他们自主学习、更新知识和技能的能力，以适应快速变化的技术环境。

　　③ 通过团队项目和协作学习，增强学生的团队合作意识，使他们能够在多元化的团队中有效交流思想、协调工作，共同实现目标。

1.1 计算机的产生与发展

1.1.1 计算工具的演变

　　人类在文明发展的早期就遇到了计算问题，计算需要借助一定的工具来进行。在远古时代，人类最初使用手指、脚趾来进行计算，后来人们把绳子、石子等作为计算工具。随着社会文明的不断发展，人类开始不断发明和改进专用的计算工具，从算筹、算盘、差分机，再到第一台通用电子计算机 ENIAC（埃尼亚克）的诞生，计算工具经历了从简单到复杂、从低级到高级、从手动到自动的发展过程，目前仍在不断发展。回顾计算工具的发展历史，我们可以从中得到许多启示。

1．手动计算工具

（1）算筹及其摆法

算筹是最早出现的人造计算工具之一，是由我国古代劳动人民最先创造和使用的。

算筹采用十进制计数法，有纵式和横式两种摆法，这两种摆法都可以表示1、2、3、4、5、6、7、8、9这9个数字，数字0用空位表示。算筹的记数方法：个位用纵式，十位用横式，百位用纵式，千位用横式……这样从右到左，纵横相间，就可以表示任意数值的自然数了。算筹及其摆法示意如图1-1所示。

图1-1　算筹及其摆法示意

（2）算盘

算盘的发明是计算工具发展史上的一次重大变革，它也是由我国古代劳动人民首先创造和使用的。算盘由算筹演变而来，并且和算筹并存竞争了一段时期，最终取代了算筹。算盘如图1-2所示。

图1-2　算盘

算盘能够进行基本的算术运算（加、减、乘、除），即使在今天，我们也能在许多地方看到它的身影。有人认为算盘是最早的数字计算机，而珠算口诀是最早的体系化算法，这些都是古代人类在计算工具领域的辉煌成就。

（3）纳皮尔算筹/乘除器

17世纪初，英国数学家约翰·纳皮尔发明了"纳皮尔筹"，也称"纳皮尔乘除器"，如图1-3所示。它由一组表面刻有阿拉伯数字的木棍组成，可以用于进行简单的乘除运算。

图1-3　纳皮尔及纳皮尔算筹

（4）圆形计算尺/对数计算尺

1621 年左右，英国数学家威廉·奥特雷德根据对数原理发明了圆形计算尺，也称对数计算尺。对数计算尺在两个圆盘的边缘标注对数刻度，然后让它们相对转动，就可以基于对数原理用加减运算来实现乘除运算。

对数计算尺不但能进行加、减、乘、除、乘方、开方运算，而且能进行三角函数、指数函数和对数函数运算。即使在 20 世纪 60 年代，对数计算尺的使用仍然是理工科大学生必须掌握的基本功，是工程师身份的一种象征。图 1-4 所示为圆形计算尺/对数计算尺。

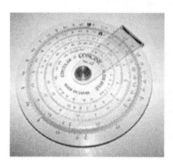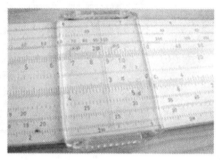

图 1-4　圆形计算尺/对数计算尺

2．机械计算工具

（1）帕斯卡加法器

17 世纪，欧洲出现了利用齿轮技术的手动机械计算工具。1642 年，法国数学家布莱兹·帕斯卡发明了帕斯卡加法器，如图 1-5 所示。这是人类历史上第一台能进行加、减运算的机械计算工具，它对后来的计算工具产生了持久的影响。

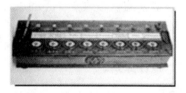

图 1-5　帕斯卡及帕斯卡加法器

（2）莱布尼茨四则运算器

1673 年，莱布尼茨研制了一台能进行四则运算的机械式计算器，即莱布尼茨四则运算器，如图 1-6 所示。这台机器在进行乘法运算时采用进位加法，后来演化为二进制算法，被现代计算机采用。

图 1-6　莱布尼茨及莱布尼茨四则运算器

（3）巴贝奇差分机

1822 年，巴贝奇成功研制出差分机，如图 1-7 所示。这是最早采用寄存器来存储数据的计算工具，体现了早期程序设计思想，使计算工具从手动机械跨越到了自动机械的新时代。

图 1-7　巴贝奇及巴贝奇差分机

（4）巴贝奇分析机

1832 年，巴贝奇开始进行分析机的研究。在分析机的设计中，巴贝奇采用了以下 3 个具有现代意义的装置。

- 存储装置：采用齿轮式装置的寄存器保存数据，既能存储运算数据，又能存储运算结果。
- 运算装置：从寄存器取出数据进行加、减、乘、除运算，并且乘法以累次加法来实现，还能根据运算结果的状态改变计算的进程，即条件转移。
- 控制装置：使用指令自动控制操作顺序、选择需要处理的数据以及输出结果。

巴贝奇分析机是可编程计算机的设计蓝图，实际上，我们今天使用的每一台计算机都遵循巴贝奇分析机的基本设计原理。

3．电子计算机的诞生

（1）ABC

阿塔纳索夫–贝瑞计算机（简称 ABC），是由美国约翰·文森特·阿塔纳索夫和他的研究生克利福特·贝瑞在 1937 年设计的，如图 1-8 所示。

图 1-8　约翰·文森特·阿塔纳索夫及阿塔纳索夫–贝瑞计算机

ABC 开创了现代计算机的重要元素，包括二进制运算和电子开关。但是 ABC 缺乏通用性、可变性与存储程序的机制，因此将其与现代计算机区分开。

（2）ENIAC

1946 年，第一台通用电子计算机 ENIAC 诞生，如图 1-9 所示。其比当时运算速度最快的计算工具快约 300 倍，使科学家们从大量的计算工作中解放出来。ENIAC 的问世标志着电子计算机时代的到来。

图 1-9　ENIAC

（3）EDVAC

1945 年 6 月，美国普林斯顿大学数学教授冯·诺依曼发表了离散变量自动电子计算机（EDVAC）方案，如图 1-10 所示，从此确立了现代计算机的基本结构。

冯·诺依曼提出计算机应有五个基本组成部分：运算器、控制器、存储器、输入设备和输出设备，并且描述了这五个部分的功能和相互关系。同时提出了"采用二进制"和"存储程序"这两个重要的基本思想。

图 1-10　冯·诺依曼及 EDVAC

1.1.2　计算机的发展历程

1. 计算机的发展

从世界上第一台通用电子计算机诞生以来，计算机技术以前所未有的速度迅猛发展，经历了大型计算机、微型计算机及网络计算机等发展阶段。根据计算机所采用的电子元件的不同，计算机的发展又可分为 4 个阶段，如表 1-1 所示。

表 1-1 计算机发展的 4 个阶段

阶段	第一阶段	第二阶段	第三阶段	第四阶段
时间	1946—1957 年	1958—1964 年	1965—1970 年	1971 年至今
主要电子元件	电子管	晶体管	中小规模集成电路	大规模和超大规模集成电路
内存储器	汞延迟线或电子射线管	磁芯存储器	半导体存储器	半导体存储器
外存储器	纸带、卡片、磁带和磁鼓	磁盘、磁带	磁盘、磁带	磁盘、光盘等大容量存储器
处理速度（每秒执行的指令数）	几千到几万条	几十万到几百万条	几百万到几千万条	上亿条
代表机型	UNIVAC-I	IBM 的 7000 系列	IBM 的 360 系列	IBM 的 4300 系列、3080 系列、3090 系列

第一阶段计算机的主要特点：内存储器容量非常小（仅为 1000～4000 字节）；计算机程序设计语言处于最低阶段，用一串 0 和 1 表示的机器语言进行编程，直到 20 世纪 50 年代才出现汇编语言；尚无操作系统，操作困难。其体积庞大、造价昂贵、运算速度低、存储容量小、可靠性差、操作方法复杂，主要应用于军事和科学研究领域。

第二阶段计算机的主要特点：采用晶体管电子元件；内存储器容量扩大到几十万字节；计算机软件有了较大发展，出现了监控程序并发展成为后来的操作系统；推出了 BASIC、COBOL 等程序设计语言。与第一阶段的计算机相比，其体积小、成本低、重量轻、功耗低、运算速度快、功能强、可靠性高，主要应用范围由单一的科学计算扩展到数据处理和事务管理等其他领域。

第三阶段计算机的主要特点：体积更小、重量更轻，功耗进一步减少，运算速度、逻辑运算功能和可靠性进一步提高；出现了分时操作系统；提出了结构化、模块化的程序设计思想，出现了结构化的程序设计语言——PASCAL。这一阶段的计算机向标准化、多样化、通用化方向发展。

第四阶段计算机的主要特点：磁盘的存取速度和容量大幅度提升；体积更小、重量更轻，功耗更少；操作系统发展为虚拟操作系统，数据库管理系统不断完善和加强，程序设计语言进一步发展和改进，软件行业成为新兴的高科技产业；计算机的应用领域不断向社会各个方面渗透。

2．微型计算机的诞生与发展

微型计算机也称为微型机、个人计算机（PC）。从世界上第一台通用电子计算机诞生到 20 世纪 70 年代初，计算机一直朝着巨型化方向发展，巨型化是指计算速度不断提升，存储容量不断扩大。从 20 世纪 70 年代初期开始，计算机又向微型化方向发展。微型化是指计算机的体积缩小，价格大幅度降低。

微型计算机在诞生之初就配置了操作系统，随后操作系统也在不断发展。操作系统发展的第一个阶段为单用户、单任务，第二个阶段以多用户、多道作业和分时为特征。现代操作系统的典型代表有 UNIX、Windows、Linux 等。目前，随着智能手机、平板电脑等移动电子设备的发展，移动操作系统如 iOS、Android 等正在成为操作系统中新的领军者。

1.1.3 新型计算机

处理器和大规模集成电路的发展正在接近理论的极限，人们正在努力研究超越理论极限的新方法。新型计算机可能会打破现有的计算机体系结构。目前正在研制的新型计算机主要有以下 3 种。

1．光子计算机

光子计算机是相对电子计算机而言的。光子计算机由光信号来传递、存储和处理信息，以光子作为信息载体，以光互连代替导线互连，以光硬件代替电子硬件，以接近每秒 30 万千米的速度传递信息。

由此可见，光子计算机的核心优势是信息的并行传输、高速处理、大容量存储以及运行的低功耗。这些特性使光子计算机在存储容量和运算速度等方面远超电子计算机。随着现代光学与计算机技术、微电子技术相结合，在不久的将来，光子计算机或将成为人类广泛使用的通用工具。

2．生物计算机

生物计算机是受人脑的强大信息处理能力的启发，模拟人脑的生物功能，用于实现数字计算。生物计算机利用遗传工程技术、蛋白质具有开关功能的特性，由蛋白质分子作为生物元件和生物芯片制成。

生物计算机涉及计算机科学、分子生物学、生物物理、生物工程等多个学科，是全球高科技领域最具发展潜力的学科之一。尽管目前生物计算机还存在如信息提取困难等缺点，但相信随着技术的不断进步，这些问题终将得到解决，生物计算机的应用前景不容小觑。

3．量子计算机

量子计算机是一种遵循量子力学规律进行高速运算、存储及处理量子信息的物理装置。不同于电子计算机，量子计算机使用量子比特存储数据，它使用量子算法进行数据操作。量子计算机采用并行的计算方式，使其运算速度非常快（相当于很多台电子计算机的并行运算速度），运算能力非常强。

目前很多国家和机构都在研发量子计算机。2020 年，我国在量子计算机研究领域取得了重大突破。潘建伟、陆朝阳研究团队与国家并行计算机工程技术研究中心合作，成功研究出了 76 个光子的量子计算机——"九章"。随着中国量子计算机"九章"的问世，美国此前一直在该领域的垄断地位被打破。

量子计算机不仅运算速度超级快，还能解决非常复杂的问题。在寻找问题解决方案时，量子计算机采用与人类思维相似的方式，因此它们可以完成许多只有人类才能胜任的工作。未来的量子计算机能够提供更精确的气象预测、更高效的药物研发、更精准的空中和地面交通控制、更安全的加密通信，还能够加速太空探索、实现人工智能的机器学习。尽管实现这些目标还有很长的路要走，但我们相信，在不久的将来，人们在量子计算机领域会有重大突破。

除了以上计算机，未来的新型计算机还包括纳米计算机、超导计算机、化学计算机、拟态计算机等，虽然这些计算机还处于探讨试验阶段，但随着科技的不断进步，未来的计算机会像其他事物一样不断发展变化。

1.2 计算机的分类与应用

1.2.1 计算机的分类

随着计算机及相关技术的迅速发展，计算机不断被分化，形成了各种类型的计算机。根据计算机应用领域及其综合性能指标，可将计算机分为微型计算机、高性能计算机、工作站、嵌入式计算机。

1．微型计算机

微型计算机也称个人计算机，通过大规模集成电路技术将计算机的核心部件——运算器和控制器，集成在一块称为中央处理器（CPU）的芯片上，是为满足个人需要而设计的一种计算设备。微型计算机通常能运行多种类型的应用软件，广泛应用于办公、学习、娱乐等社会生活的方方面面，是发展最快、应用最普及的计算机。我们日常使用的桌面计算机、便携式计算机、掌上型计算机等都是微型计算机。

2．高性能计算机

高性能计算机（HPC）通常也称为超级计算机，由很多处理器组成，能处理普通计算机和服务器所不能处理的大型复杂任务和计算密集型问题，是目前功能最强、速度最快的一类计算机，其浮点运算速度已达到每秒千万亿次。HPC 主要应用于国防、航天、气象等科学工程计算领域，是国家科技实力的重要标志。

图 1-11 所示为由国防科技大学研制的"天河二号"超级计算机系统，该计算机曾 6 次获得全球高性能计算机 TOP 500 的第一名。

图 1-11　"天河二号"超级计算机系统

3．工作站

工作站是一种高端的微型计算机，通常配有高分辨率的大屏幕、多屏显示器及大容量存储器，主要面向专业应用领域，具备强大的数据运算与图形、图像处理能力。工作站主要应用于工程设计及制造、图像处理、动画制作、信息服务、模拟仿真等专业领域。

常见的工作站有图像处理工作站、计算机辅助设计（CAD）工作站、办公自动化（OA）工作站等。不同任务的工作站有不同的硬件和软件配置。

另外，在计算机网络系统中，连接服务器的终端机也称为工作站。工作站可以是网络中的任何一台普通微型机或终端，它是网络中的任一用户节点。

4．嵌入式计算机

嵌入式计算机是指嵌入在被控对象内部，实现被控对象智能化的专用计算机系统。嵌入式计算机是以应用为中心，软硬件可定制的，适用于对功能、可靠性、成本、体积、功耗等综合性能有严格要求的专用计算机。

嵌入式计算机的应用领域非常广泛，几乎涵盖了日常生活中所有的电器设备。日常使用的冰箱、全自动洗衣机、空调、智能手机、工业自动化仪表、医疗仪器、POS机等都采用了嵌入式计算机技术。

随着物联网的发展，网络用户终端已扩展到任何物品之间进行的信息交换和通信，这就要求智能终端必须具备嵌入式系统。嵌入式计算机作为物联网的重要组成部分，将会有更广泛的应用前景。

1.2.2 计算机的作用

众所周知，计算机具有快速、高效、自动化处理等特点，这为信息的处理带来了极大的便利。计算机在信息化社会中的主要作用如下。

① 极高的运算速度，可高效率、高质量地完成数据加工处理任务。

② 丰富的存储设备使信息得以长期保存和反复使用，大量图书、档案资料可以被压缩存储在磁盘或光盘上。

③ 多媒体技术使计算机渗透到社会的各个领域，使人与计算机之间建立更为默契、融洽的新型关系。

④ 计算机网络"缩短了世界的距离"，网络与用户之间，甚至物品与物品之间都可以通过网络进行信息传递和资源共享。

⑤ 智能化的决策支持系统可应用于管理信息，为科学化决策的实现提供可能。

总之，计算机在信息化社会中的作用不断扩大，已经成为人们生产和生活中离不开的工具。

1.2.3 计算机的应用领域

计算机从诞生至今，发展非常迅速，已经深入社会生活的各个领域，如科研、生产、商业、医疗、教育等。目前，计算机的应用领域主要分为以下6个方面。

1．科学与工程计算

计算机可应用于科学研究和工程技术中提出的数值计算，如人造卫星轨迹、导弹发射的各项参数、房屋抗震强度的计算等。

科学计算是计算机最早的应用领域。迄今为止，在航天技术、气象预报、地震预测、工程设计等领域，科学计算仍然是计算机应用的一个重要方向。

生物科学、医学、系统科学、经济学、社会科学也都开始发展科学计算和工程计算理论。由于许多实验需要昂贵的仪器设备、观测时间很长或反应时间很短，以及测量困难，计算模型已代替大部分实验，成为各学科的重要工具。例如，汽车的碰撞试验，目前可以用计算机进行数值仿真；有些物理实验中很难测量的现象（如混沌系统及孤立子等），也都是通过科学计算发现的。在气象学、地震学、核能技术、石油勘探、航天工程、密码解译等领域，计算机已成为不可或缺的工具。

2．信息管理

信息管理是计算机应用最广泛的领域之一。现代社会是信息化社会，随着生产力的发展，信息量急剧膨胀，信息已经与物质、能量一起被列为人类活动的 3 个基本要素。信息管理就是对各种信息进行收集、存储、加工、整理、分类、统计、利用和传播等一系列活动的统称，其目的是获取有用的信息，为决策提供依据。

目前，计算机信息管理已被广泛应用于企业管理、物资管理、文档管理、情报检索、医疗诊断、数字媒体艺术等领域。信息管理和实际应用领域相结合产生了很多应用系统，如办公领域的办公自动化系统、生产领域的物料需求计划（MRP）系统、商业流通领域的电子商务系统等。

3．自动控制

在工业生产过程中，计算机自动控制系统把工业现场的模拟量、开关量以及脉冲量，经放大电路和模/数（数/模）转换电路传送给计算机的处理系统，由计算机进行数据采集、显示以及现场控制。计算机自动控制系统还被应用于交通控制、通信控制、武器控制等方面。

4．计算机辅助工程

计算机辅助工程是指利用计算机进行工程设计、产品制造、性能测试等。计算机辅助工程包括计算机辅助设计（CAD）、计算机辅助制造（CAM）、计算机辅助教学（CAI）等。

计算机辅助设计利用计算机及图形设备辅助设计人员进行产品设计和工程技术设计。它使设计过程逐步趋向自动化，大大缩短了设计周期，增强了产品在市场上的竞争力。计算机辅助设计已被广泛应用于飞机、汽车、机械、电子和建筑等领域。

计算机辅助制造利用计算机系统进行生产设备的管理、控制和操作。计算机辅助制造技术可以提高产品质量、降低成本、缩短生产周期，提高生产效率和改善劳动条件。将计算机辅助设计和计算机辅助制造技术结合，则可实现设计生产自动化，这两种技术集成的系统称为计算机集成制造系统，是构造无人工厂的基础。

计算机辅助教学是在计算机的辅助下进行各种教学活动。计算机辅助教学最大的特点是交互教学和个性化指导，它改变了教师在讲台上讲课而学生在课堂听课的传统教学方式。近年来迅速发展的远程教育、网络教育更是在教学的各个环节中大量使用了各种计算机系统。

5．人工智能

人工智能（AI）是一门通过计算机模拟人类的智能行为，如感知、思维、推理、学习、理解等，建立智能信息处理理论，进而设计出可以展现某些近似人类智能行为的计算系统的学科。

人工智能既是计算机当前的重要应用领域，也是今后计算机发展的主要方向之一。尽管在人工智能领域中存在诸多技术难题，但人们已在语言处理、自动定理证明、智能数据检索系统、视觉系统、问题求解等方面取得了重要成果。

近年来，人工智能技术高速发展，已经开始为人类生活带来便利，包括语音识别技术、图像分析技术、无人驾驶技术、医疗诊断技术、翻译技术以及具有一定思维能力的智能机器人技术等。但是，人工智能的巨大潜力也给人类社会带来潜在的威胁，我们需要警惕人工智能技术的过度发展，防止人工智能产生超越人类的智慧并失去控制。

6．网络应用

计算机网络将分布于世界各地的计算机系统用通信线路和通信设备连接起来，以实现计算机之间的数据通信和资源共享。网络和通信技术的快速发展改变了传统的信息交流方式，加快了社会信息化的步伐。网络应用的日益普及正改变我们的工作方式和生活方式。

随着移动技术的飞速发展，物联网、云计算、移动互联网等已经成为网络应用的重点领域。

计算机及其相关技术的快速发展和普及推动了社会信息化的进程，改变了人们的工作、生活、娱乐等方式，极大地提高了工作效率并改善生活。在未来，计算机的应用领域将继续扩展，并将开拓人们无法预见的新领域。

1.3 计算机的基本工作原理

1.3.1 冯·诺依曼计算机

计算机自诞生以来发展迅速。现代计算机在性能指标、运算速度、工作方式、应用领域等方面都发生了很大的变化，但是大部分计算机的基本结构没有改变，依然属于冯·诺依曼结构。

1．冯·诺依曼思想

冯·诺依曼最先提出一个完整的通用电子计算机的设计方案，该方案涉及以下思想。

① 计算机应包括运算器、控制器、存储器、输入设备和输出设备等基本部件。

② 计算机内部采用二进制来表示指令和数据。每条指令一般具有一个操作码和一个地址码。其中，操作码表示运算性质，地址码用于指出操作码在存储器中的地址。

③ 将编写好的程序送入内存，然后启动计算机工作，无须操作人员干预，计算机就能自动逐条读取指令并执行指令。

2．冯·诺依曼结构

冯·诺依曼思想指出计算机的硬件由运算器、控制器、存储器、输入设备和输出设备组成。其中，运算器和控制器一起构成了计算机的大脑，即 CPU。遵循冯·诺依曼思想的计算机结构称为冯·诺依曼结构，如图 1-12 所示。

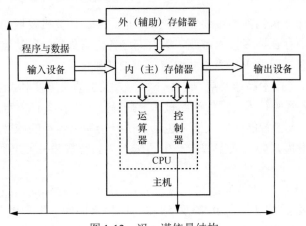

图 1-12　冯·诺依曼结构

在图 1-12 中，空心箭头代表数据信号流向，传输的是指令、地址、数据；单线箭头代表控制信号流向，传输的是控制器发出的控制信号。根据数据流方向可以看出计算机的工作流程分为输入、处理、输出。首先，计算机将完成任务所需的程序和数据通过输入设备传入计算机内存；然后，CPU 从内存中取出指令，分析后发出控制信号指挥各个部件协调处理；最后通过输出设备输出处理结果。

1.3.2　指令与指令系统

1. 指令

指令是能被计算机识别并执行的二进制代码，它规定了计算机能完成的某一种操作。中央处理器的运算器只能完成基本的算术运算、逻辑运算以及移位、求补等操作。对于复杂问题的求解，在运算前需要将其转换成若干个基本操作步骤。中央处理器能执行的每一种基本操作称为一条指令，这些指令称为机器指令。

指令的数量与类型由中央处理器决定。系统内存储器（以下简称"内存"）用于存储被执行的程序和数据，程序由一系列指令组成，这些指令在内存中是有序存放的，指令号表明了它的执行顺序。什么时候执行哪一条指令由中央处理器中的控制单元决定。数据是需要处理的信息，包括用户的具体数据和这个数据在内存中的地址。

一条指令通常由以下两部分组成。

操作码	地址码

操作码用于指明该指令要完成的操作，如取数、做加法或输出数据等。地址码用于指明操作对象的内容或所在的存储单元地址。

2. 指令系统

一台计算机所有指令的集合，称为该计算机的指令系统。不同类型的计算机，其指令系统的指令条数也不同。但无论是哪种类型的计算机，其指令系统都应具有以下指令。

① 数据传送指令：在内存与中央处理器之间传送数据。

② 数据处理指令：对数据进行算术、逻辑或关系运算。

③ 程序控制指令：控制程序中指令的执行，如条件转移、无条件转移、调用子程序、返回、停机等。

④ 输入/输出指令：实现外部设备与主机之间的数据传输。

⑤ 其他指令：对计算机的硬件进行管理等操作。

3．程序

利用计算机解决问题时，需要明确定义解决问题的步骤，这就需要对计算机发布一系列指令，这些指令的集合称为程序。目前，大部分程序都采用高级语言编写。采用高级语言编写的程序需要被翻译成中央处理器能够执行的机器指令，这些机器指令按照程序设定的顺序依次执行，完成一系列对应的操作。

1.3.3 计算机的工作原理

冯·诺依曼思想最重要的一点在于明确提出了"程序存储"的概念，计算机的工作原理就是基于"程序存储"这一思想的。

1．计算机的工作过程

下面通过一个简单的计算过程说明计算机的基本工作原理。

假设要输入两个初始数据（如 5 和 3），计算它们的和并输出结果。首先，用一种高级程序设计语言（如 C 语言）编写一个名为 Test.c 的源程序文件，代码如下。

```
int main()
{int a,b,c;
 scanf("%d %d",&a,&b);
 c = a + b;
 printf("%d",c);
return 0;
}
```

然后，用 C 语言将程序编译为目标程序（文件名为 Test.obj）。最后，将目标程序连接成可执行的机器语言程序，并在内存中执行。执行时，计算机指令依次完成以下操作。

① 从键盘读取初始数据 5 和 3，并将其分别存储到由变量名称 a 和 b 代表的存储单元。

② 从变量名称 a 和 b 代表的存储单元中读取数据 5 和 3，相加得到结果 8，并将结果 8 保存到由变量名称 c 代表的存储单元中。

③ 从由变量名称 c 代表的存储单元中读取结果 8，并在屏幕上显示输出。

如前所述，通常每一条指令都包含操作码和地址码两部分。假设取数指令的操作码为 0010，数字 5 被存放在存储器的 0001 存储单元中，那么第一条指令应为 00100001。其余的指令也有类似的形式。

将可执行的程序存入计算机后，计算机会记下程序的起始地址。运行这个程序时，计算机首先将该程序的起始地址送入指令计数器，控制器按照指令计数器中的地址从内存中取出指令并送入指令寄存器。计算机分析指令寄存器中的操作码部分，确定应完成什么操作。然后由操作命令生成部件并按照一定的顺序发出控制信号，控制有关部件完成规定操作。在执行一条命令的过程中，指令计数器送出上一条指令的地址后会自动将指令计数器中的内容加 1，为读取下一条指令的地址做准备。这样一来，计算机就能自动逐条读取、分析并执行指令，直到该程序的指令全部执行完毕。

2．计算机的基本工作原理

根据对上述程序执行流程的分析可知，计算机的基本工作原理如下。

① 计算机自动计算或处理的过程实际上是执行预先存储在计算机中的程序的过程，即计算机是由程序控制的，程序是由人编写的。当然，编写程序所采用的语言可以不同。

② 计算机程序是由一系列有序指令组成的，执行程序的过程实际上是依次逐条执行指令的过程。

③ 指令的执行是由计算机硬件实现的。每一条指令的执行都经过读取指令、分析指令和执行指令 3 个步骤，并为读取下一条指令做好准备。

1.4 计算思维简介

1.4.1 计算思维的概念

1．计算思维的定义

计算思维是运用计算机科学的思想与方法进行问题求解、系统设计等，涵盖计算机科学广度的一系列思维活动。

（1）问题求解中的计算思维

利用计算思维求解问题的过程包括：把实际的应用问题转换为数学问题，建立模型，设计算法，在计算机中运行并求解。

（2）系统设计中的计算思维

卡普教授认为，任何自然系统和社会系统都可视为一个动态演化系统。这种演化伴随着物质、能量和信息的交换，这种交换可以被映射为符号变换，因而能通过计算机进行离散的符号处理。动态演化系统被抽象为离散符号系统后，我们就可以采用形式化的规范进行描述，并通过建立模型、设计算法和开发软件来揭示其演化的规律，实现对系统演化的实时控制。

（3）人类行为理解中的计算思维

计算思维是一种基于可计算的手段，以定量化的方式进行的思考过程。利用计算手段来研究人类行为，可视为社会计算的一部分，即通过各种信息技术手段来设计、实施和评估人与环境之间的交互。从计算思维的观点对当前社会计算中的一些关键问题进行分析与建模，有助于我们从计算思维的角度重新认识社会计算，找出新问题、新观点和新方法。

2．计算思维的本质

计算思维的本质是抽象和自动化。计算思维的本质反映了计算的根本问题，即什么能被有效执行，也就是说，哪些是可计算的，哪些是不可计算的。

（1）抽象

抽象是对事物进行人为处理，抽取出关注的、共同的、本质的特征属性，并对这些事物和特征属性进行描述，从而大大减少系统元素的绝对数量。抽象可分为物理抽象、数学抽象和计算抽象。对自然现象或人工现象的抽象是将问题符号化，使其成为一个计算系统。

为了实现机器自动化，还需要对抽象问题进行精确描述和数学建模。

案例： 哥尼斯堡七桥问题。

哥尼斯堡七桥问题是图论研究领域的热点问题。18 世纪初，在普鲁士哥尼斯堡的一个公园里，有一条普莱格尔河穿过公园，河中有两个小岛（岛 C 和岛 D），有 7 座桥把两个岛与河岸联系起来，如图 1-13 所示。有人提出一个问题：一个步行者从陆地 A、陆地 B、岛 C、岛 D 中的任意一处出发，如何才能不重复、不遗漏地一次走完 7 座桥，并最后回到出发点。

1736 年，瑞士数学家欧拉，把它转化成一个几何问题，他的解决方法是把陆地和岛抽象为点，用连接两个点的线段表示桥梁，将该问题抽象成点与线的连接图的问题，即把一个实际问题抽象成数学模型——欧拉模型，如图 1-14 所示。这就是计算思维中的抽象。

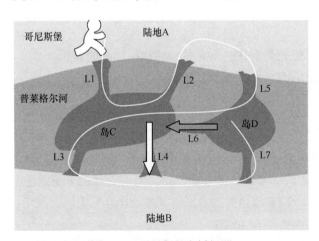

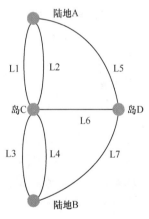

图 1-13　哥尼斯堡七桥问题　　　　　　图 1-14　欧拉模型

（2）自动化

自动化就是为抽象的模型建立合适的算法，计算的过程就是执行算法的过程。

1.4.2　计算思维的方法与案例

1．计算思维的方法

计算思维通常表现为人们在问题求解、系统设计及人类行为理解过程中，对抽象建模、算法设计、数据组织及程序实现、自动化处理等概念的潜意识应用。计算思维建立在计算过程的能力和限制之上，可以由人执行也可以由机器执行。计算思维的方法涉及两个方面：一方面是源于数学和工程中系统设计与评估的方法，另一方面是计算机科学特有的方法。周以真教授阐述了7类计算思维的方法。

① 计算思维是一种通过简约、嵌入、转化和仿真等方法，把看起来困难的问题重新阐释成人们知道怎样解决问题的思维方法。

② 计算思维是一种递归思维，也是一种并行处理方法。它能把代码译成数据，又能把数据译成代码，是一种通过多维分析推广而来的类型检验方法。

③ 计算思维是一种采用抽象和分解来完成庞杂任务或进行大型复杂系统设计的方法，是一种基于关注点分离的方法。

④ 计算思维是一种选择合适的方式（如程序设计语言）陈述问题，或对问题的相关方面建模并使其易于处理的思维方法。

⑤ 计算思维是一种以预防、保护为核心，通过冗余、容错和纠错方式，从最坏情况中实现系统恢复的思维方法。

⑥ 计算思维是一种在不确定情况下利用启发式推理寻求解决方案，进行规划、学习和调度的思维方法。

⑦ 计算思维是一种利用海量数据来加快计算过程，在时间和空间、处理能力和存储容量之间进行权衡的思维方法。

正是借助计算思维的方法和模型，我们敢于去处理那些原本无法由个人独立完成的复杂问题求解和系统设计。

2．计算思维的案例

在生活及计算机科学中，计算思维无处不在。下面是一些计算思维的案例。

① 人们按照菜谱做菜，菜谱将菜的烹饪方法按步骤罗列，类似于算法。我们可以将菜谱中"勾芡"这个步骤看作模块化操作，它本身代表着"取淀粉，加水，搅拌，倒入菜中"一系列操作。我们在等待一道菜煮好时，会将另一个菜洗净切好，这就是并发处理。

② 人们根据书的目录快速找到所需要的内容，这正是计算机中广泛使用的索引技术。

③ 人们会沿着原路往回走寻找丢失的东西，或者在岔路口沿着选择的一条路走下去时发现此路不通，就会原路返回到岔路口去选择另一条路，这就是计算机中的回溯法，这对于系统地搜索问题空间非常重要。

④ 学生每天上学时只把当天使用的书本放入书包，这就是计算机中的预置和缓存策略。

⑤ 在超市结账时人们选择排哪个队，这类似于多服务器系统的性能模型。

⑥ 停电时电话仍然可以用，这体现了系统的无关性和设计的冗余性。

1.4.3　计算思维与问题求解

应用计算思维进行问题分析与求解的步骤如下。

1．界定问题，寻找解决问题的条件

界定问题就是把问题理清，弄清楚问题到底是什么，什么是已知的，什么是未知的，并用恰当的语言来描述。针对同一个问题应设计尽可能多的解决方案，再对这些解决方案进行对比，选出最合适的方案来解决问题。

寻找解决问题的条件时，首先要缩小问题的求解范围，然后可以尝试从最简单的特殊情况入手，逐步深入探讨。

2．若有连续性的问题，则进行离散化处理

图像、声音、时间、压力、自然现象、社会现象等是连续型信息，数字、字母、符号等是离散型信息。连续型信息只有转化为离散型信息（即数字化）后，才能被计算机处理。

3．从问题抽象出适当的数学模型，然后针对这个数学模型设计算法

算法是对问题求解过程的精确描述。在求解一个问题时，可能会有多种算法供选择。我们应根据算法的正确性、可靠性、简单性、存储空间、执行速度等综合衡量，选择适合的算法。

4．按照算法编写程序，并进行调试、测试、运行程序，得到最终解答

在设计程序时应考虑：如何按功能划分程序模块、如何按层次组织模块、如何逐步细化设计过程。

案例：警察抓小偷。

警察抓获了a、b、c、d共4名犯罪嫌疑人，其中只有1个人是小偷，审问记录如下。

a说："我不是小偷。"

b说："c是小偷。"

c说："小偷肯定是d。"

d说："c在冤枉人。"

已知：4个人中3个人说的是真话，1个人说的是假话。

问：到底谁是小偷？

（1）分析问题

第一步：依次假设每个人都是小偷。

第二步：检验每个犯罪嫌疑人的陈述，验证"4个人中3个人说的是真话，1个人说的是假话"是否成立。

第三步：如果成立，则说明第一步的假设成立，即可确定谁是小偷。

（2）建立数学模型

① 将a、b、c、d分别编号为1、2、3、4。

② 用变量x表示小偷的编号（如x=1表示a是小偷）。

将a说："我不是小偷。"表示为a说：$x \neq 1$。

将b说："c是小偷。"表示为b说：$x = 3$。

将c说："小偷肯定是d。"表示为c说：$x = 4$。

将d说："c在冤枉人。"表示为d说：$x \neq 4$。

③ 依次将$x = 1$，$x = 2$，$x = 3$，$x = 4$代入问题系统的4句话，检验"4个人中3个人说的是真话，1个人说的是假话"是否成立，即4个检验结果的逻辑值相加应为$1 + 1 + 1 + 0 = 3$。

（3）编写程序

编写的程序代码如下。

```
for x in range(1,5):
    if (x! = 1)+(x == 3)+(x == 4)+(x! = 4) == 3:
        print(str(x)+"是小偷")
```

从上述案例可以看出，计算思维是一种选择合适的方式陈述一个问题或对一个问题的相关方面建模使其更易于处理的思维方式。

计算思维建立在计算过程的能力和限制上，不管这些过程由人还是机器执行。计算思维代表一种普遍的认识和一套普适的技能，每一个人都应注重学习和运用计算思维。

思考与练习

1. 计算机的发展经历了哪几个阶段？各阶段的主要特征是什么？
2. 简述计算机的类型。
3. 简述计算机的应用领域。
4. 简述冯·诺依曼结构的主要内容。
5. 分别简述指令和指令系统。
6. 简述计算机的工作原理。
7. 简述计算思维的概念。
8. 简述计算思维的本质。
9. 简述应用计算思维求解问题的一般步骤。
10. 举例说明你对计算思维的理解。

第 **2** 章

计算机中信息的表示

【知识目标】

① 掌握数制的概念及其相互转换的方法。

② 理解数制信息的表示方式。

③ 掌握信息的基本单位。

④ 了解文本信息的表示方式。

【技能目标】

① 能够进行数制转换和数据类型表示。

② 能够使用工具对非数值数据进行处理和分析。

③ 能够设计简单的编码方案并应用基本的数据压缩和加密技术。

【素质目标】

① 强化逻辑和抽象思维能力。

② 提高对数字化信息的理解和跨学科综合应用能力。

③ 认识信息表示中的伦理和法律问题,增强社会责任感。

2.1 数制及其转换

2.1.1 数制的概念

人们在生产实践和日常生活中,创造了多种表示数的方法,这些数的表示规则称为数制。

1. 十进制数

(1)组成

十进制数由 0~9 共 10 个数字字符组成,如 15、819.18 等。

(2)运算规则

加法规则是"逢十进一",减法规则是"借一当十"。

任何一个十进制数都可以写成各个位上数字的展开形式,如 $819.18 = 8 \times 10^2 + 1 \times 10^1 + 9 \times 10^0 + 1 \times 10^{-1} + 8 \times 10^{-2}$。

2．二进制数

（1）组成

二进制数由 0 和 1 共两个数字字符组成，如 101、110.11 等。

（2）运算规则

加法规则是"逢二进一"，减法规则是"借一当二"。

计算机采用二进制数的原因包括以下几个方面。

① 简单可行，容易实现。二进制数仅有 0 和 1 两个数码，可以用两种不同的稳定状态（如有磁和无磁、高电位与低电位）来表示。计算机的多数组成部分都由仅有两个稳定状态的电子元器件组成，不但容易实现，而且稳定可靠。

② 运算规则简单。进行加法运算时"逢二进一"，即 $0+0=0$、$0+1=1$、$1+0=1$、$1+1=0$(有进位)。进行减法运算时"借一当二"，即 $0-0=0$、$0-1=1$(有借位)、$1-0=1$、$1-1=0$。

③ 适合逻辑运算。二进制中的 0 和 1 分别表示逻辑代数中的假值（False）和真值（True），以二进制数代表逻辑值容易实现逻辑运算。

任何一个二进制数都可以写成各个位上数字的展开形式，如 $101.11 = 1 \times 2^2 + 0 \times 2^1 + 1 \times 2^0 + 1 \times 2^{-1} + 1 \times 2^{-2}$。

但是，二进制数的缺点是数字冗长、书写繁杂且容易出错、不便阅读。所以，在计算机技术文献中，常用八进制数和十六进制数。

3．八进制数

（1）组成

八进制数由 0～7 共 8 个数字字符组成，如 17、56.17 等。

（2）运算规则

加法规则是"逢八进一"，减法规则是"借一当八"。

任何一个八进制数都可以写成各个位上数字的展开形式，如 $56.17 = 5 \times 8^1 + 6 \times 8^0 + 1 \times 8^{-1} + 7 \times 8^{-2}$。

4．十六进制数

（1）组成

十六进制数由 0～9 和 A、B、C、D、E、F 共 16 个数字字符组成，其中 A、B、C、D、E、F 分别表示数码 10、11、12、13、14、15，如 17B、56.CE 等。

（2）运算规则

加法规则是"逢十六进一"，减法规则是"借一当十六"。

任何一个十六进制数都可以写成各个位上数字的展开形式，如 $56.CE = 5 \times 16^1 + 6 \times 16^0 + C \times 16^1 + E \times 16^2$。

5．R 进制数

归纳以上数制的特点，我们可以构造出任意的 R 进制数（三进制数、五进制数等）。

（1）组成

R 进制数由 R 个数字字符组成。

（2）运算规则

加法规则是"逢 R 进一"，减法规则是"借一当 R"。

任何一个具有 n 位整数和 m 位小数的 R 进制数 N 都可以写成各个位上数字的展开形式，如 $(N)_R = a_{n-1} \times R^{n-1} + a_{n-2} \times R^{n-2} + \cdots + a_2 \times R^2 + a_1 \times R^1 + a_0 \times R^0 + a_{-1} \times R^1 + \cdots + a_{-m} \times R^m = \sum_{i=-m}^{n-1} a_i \times R^i$。

（3）基数

一个计数制所包含的数字符号的个数称为该数制的基数，用 R 表示。例如，十进制的基数 $R = 10$，二进制的基数 $R = 2$，八进制的基数 $R = 8$，十六进制的基数 $R = 16$。

为了区分不同数制的数，本书约定对于任一 R 进制数 N，记作 $(N)_R$。例如，$(1010)_2$、$(703)_8$、$(AE05)_{16}$，分别表示二进制数 1010、八进制数 703 和十六进制数 AE05。不用括号及下标的数，默认为十进制数，如 256。人们也习惯在一个数的后面加上字母 D（十进制）、B（二进制）、O（八进制）、H（十六进制）来表示其前面的数用的进位制。如 1010B 表示二进制数 1010；AE05H 表示十六进制数 AE05。

（4）位值（位权）

任何一个 R 进制的数都是由一串数码表示的，其中每一位数码所表示的实际值大小，除数码本身的数值外，还与它所处的位置有关，由位置决定的值就叫作位值（或位权），用基数 R 的 i 次幂（R^i）表示。

假设一个 R 进制数具有 n 位整数，m 位小数，那么其位权为 R^i，其中，$m \leqslant i \leqslant n-1$。显然，对于任一 R 进制数，其最右边数码的位权最小，最左边数码的位权最大。

二进制、八进制和十六进制都是计算机领域中常用的数制，所以在一定范围内直接写出它们之间的对应表示，也是读者需要掌握的。表 2-1 列出了 0～15 这 16 个十进制数与其他 3 种数制的对应表示。

表 2-1　4 种数制的对应表示

十进制数	二进制数	八进制数	十六进制数	十进制数	二进制数	八进制数	十六进制数
0	0000	0	0	8	1000	10	8
1	0001	1	1	9	1001	11	9
2	0010	2	2	10	1010	12	A
3	0011	3	3	11	1011	13	B
4	0100	4	4	12	1100	14	C
5	0101	5	5	13	1101	15	D
6	0110	6	6	14	1110	16	E
7	0111	7	7	15	1111	17	F

2.1.2 数制间的转换

1. 非十进制数转换成十进制数

方法：将非十进制数的数值按其位权展开，再把各项相加。

【例1.1】将二进制数 1010.101 转换成十进制数。

$(1010.101)_2 = 1 \times 2^3 + 0 \times 2^2 + 1 \times 2^1 + 0 \times 2^0 + 1 \times 2^{-1} + 0 \times 2^{-2} + 1 \times 2^{-3} = 8 + 2 + 0.5 + 0.125 = (10.625)_{10}$

【例1.2】将八进制数 154.6 转换成十进制数。

$(154.6)_8 = 1 \times 8^2 + 5 \times 8^1 + 4 \times 8^0 + 6 \times 8^{-1} = 64 + 40 + 4 + 0.75 = (108.75)_{10}$

【例1.3】将十六进制数 2BA.8 转换成十进制数。

$(2BA.8)_{16} = 2 \times 16^2 + 11 \times 16^1 + 10 \times 16^0 + 8 \times 16^{-1} = 512 + 176 + 10 + 0.5 = (698.5)_{10}$

2．十进制数转换成非十进制数

方法：将十进制数转换成非十进制数时，要将该数的整数部分和小数部分分别转换；整数部分采用"除基数取余数"法，小数部分采用"乘基数取整数"法；最后将两部分拼接起来即可。

"除基数取余数"法的具体操作方法为将十进制数的整数部分连续地除以要转换成的数制的基数，直到商数等于 0 为止。得到的余数（必定小于基数）就是对应非十进制数的整数部分的各位数字。但必须注意：第一次得到的余数为非十进制数的最低位，最后一次得到的余数为非十进制数的最高位。

"乘基数取整数"法的具体操作方法：将十进制数的小数部分连续地乘以要转换成的数制的基数，直到小数部分为 0，或达到所要求的精度（小数部分可能永不为 0）。得到的整数就是对应非十进制数的小数部分的各位数字。但必须注意：第一次得到的整数为非十进制数的最高位，最后一次得到的整数为非十进制数的最低位。

【例1.4】将十进制数 57.24 转换成二进制数。精确到小数点后 3 位。

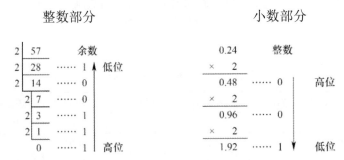

所以，$(57.24)_{10} \approx (111001.001)_2$。

【例1.5】将十进制数 57.24 转换成八进制数。精确到小数点后 2 位。

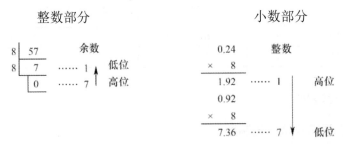

所以，$(57.24)_{10} \approx (71.17)_8$。

【例 1.6】将十进制数 57.24 转换成十六进制数。

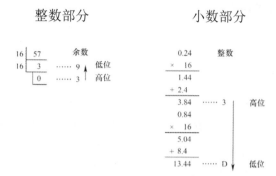

整数部分　　　　　　　　　　小数部分

所以，$(57.24)_{10} \approx (39.3D)_{16}$。

3．二进制数与八进制数的相互转换

方法：将二进制数转换成八进制数时，要以该二进制数的小数点为中心，向左右两边每 3 位划分为一组（中间的 0 不能省略），两边位数不够时可以补 0，然后将每组的 3 位二进制数转换成 1 位八进制数。将八进制数转换成二进制数的过程正好与其相反，即将每位八进制数转换成 3 位二进制数。

【例 1.7】将二进制数 10110101.11 转换成八进制数。

$$(\underline{010}\ \underline{110}\ \underline{101}.\underline{110})_2 \quad (\text{高低位各补一个0})$$
$$(\ 2\quad 6\quad 5\ .\ 6\ )_8$$

【例 1.8】将八进制数 265.6 转换成二进制数。

计算过程与【例 1.7】过程相反，在此省略。

4．二进制数与十六进制数的相互转换

方法：将二进制数转换成十六进制数，要以该二进制数的小数点为中心向左右两边每 4 位划分为一组（中间的 0 不能省略），两边位数不够时可以补 0；然后将每组的 4 位二进制数转换成 1 位十六进制数。将十六进制数转换成二进制数的过程正好与其相反，即将 1 位十六进制数转换成 4 位二进制数。

【例 1.9】将二进制数 10110101101.100111 转换成十六进制数。

$$(\underline{0101}\ \underline{1010}\ \underline{1101}.\underline{1001}\ \underline{1100})\quad (\text{高位补一个0，低位补两个0})$$
$$(\ 5\quad A\quad D\ .\ 9\quad C\ )_{16}$$

【例 1.10】将十六进制数 5AD.9C 转换成为二进制数。

计算过程与【例 1.9】过程相反，在此省略。

5．八进制数与十六进制数的相互转换

方法：八进制数与十六进制数之间的转换要借助二进制数。将八进制数转换成十六进制数时，首先将该八进制数转换成相应的二进制数，然后将转换后的二进制数转换成相应的十六进制数；将十六进制数转换成八进制数时，首先将该十六进制数转换成相应的二进制数，然后将转换后的二进制数转换成相应的八进制数。

2.2 数值信息的表示

2.2.1 机器数与真值

在计算机中，只有"0"和"1"两种符号，因此为了表示数的正、负号，也必须用"0"和"1"表示。通常把一个数的最高位定义为符号位，称为数符，用"0"表示正数，"1"表示负数，其余位仍表示数值。在计算机内存中，以数码形式存储的正负号数值称为机器数，而在计算机外部，由正负号表示的数值称为真值数。

例如，真值数$(+0101100)_2$，其机器数为00101100，如图2-1所示。

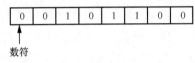

图2-1 机器数

注意：机器数表示的范围受到字长和数据类型的限制。若字长和数据类型确定了，机器数能表示的范围就确定了。例如，若用8位字长表示一个整数，最大值为01111111，最高位为符号位，则此数的最大值为127。若数值超过127，就会"溢出"。

较大或较小的数值，常用浮点数来表示。

2.2.2 定点数与浮点数

在计算机中通常难以表示小数点，故对小数点的位置进行了相应的规定。因此，计算机中的数分为定点整数、定点小数和浮点数。

1. 定点整数

它所表示的数据的最小单位为1，可以认为它是小数点固定在数值最低位右边的一种数据。定点整数分为带符号和不带符号两类。对于带符号的定点整数，符号位放在最高位，如图2-2所示。可以将带符号的整数写成：$N=\pm a_{n-1}a_{n-2}\cdots a_2a_1a_0$。其值的范围是$|N|\leqslant 2^n-1$。

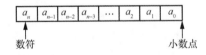

图2-2 带符号的定点整数

对于不带符号的整数，所有的$n+1$位二进制位均被视作数值，如图2-3所示。此数值表示的范围是$0\leqslant N\leqslant 2^{n+1}-1$。

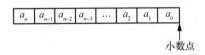

图2-3 不带符号的定点整数

在计算机中，一般可以使用不同位数的整数，如 8 位、16 位和 32 位等。例如，用定点整数表示十进制整数 100，假定某计算机的定点整数占 2 字节，因为 100 = (1100100)$_2$，所以其在计算机内的表示如图 2-4 所示。

图 2-4　16 位定点整数

注意：最左位的"0"与次左位的"0"意义不同，前者表示数符，后者表示数值。

2. 定点小数

它是指小数点准确固定在数据某一个位置上的小数。一般把小数点固定在最高数据位的左边，并在小数点左边设一个符号位，如图 2-5 所示。按此规则，任何一个小数都可以写成 $N =\pm a_{-1}a_{-2}a_{-3}\cdots a_{-m}$ 的形式。

图 2-5　定点小数

如果在计算机中用 $m + 1$ 个二进制位表示上述小数，则可以用最高（最左）一个二进制位表示符号，用其后的 m 个二进制位表示该小数的数值。小数点不用明确表示出来，因为它总是固定在符号位与最高数值位之间。对用 $m + 1$ 个二进制位表示的小数来说，其值的范围是 $|N|\leqslant 1-2^{-m}$。例如，用定点小数表示十进制纯小数-0.324，假设某计算机的定点小数占 2 字节，那么-0.324≈-(0.010100101111000)$_2$。定点小数表示法主要用在早期的计算机中。

3. 浮点数

二进制数 110.011 可以表示为 $N=110.011 = 0.110011 \times 2^{+(11)_2}$。任何一个二进制浮点数均可表示为 $N =\pm s \times 2^{\pm j}$。其中 j 称为 N 的阶码，j 前面的正负号称为阶符，s 称为 N 的尾数，s 前的正负号称为数符。在浮点表示法中，小数点的位置是浮动的，阶码 j 可取不同的数值。

为了便于计算机存储和提高精度，浮点数必须用规格化形式唯一地表示。规格化形式规定尾数值的最高位为 1。对于上述二进制数 110.011，其规格化浮点数形式唯一地表示为 $0.110011 \times 2^{+(11)_2}$。一般浮点数存储格式如图 2-6 所示。

图 2-6　浮点数存储格式

在浮点数表示中，数符和阶符都各占一位，阶码是定点整数，阶码的位数决定了数的范围，尾数是定点小数，尾数的位数决定了数的精度。在不同字长的计算机中，浮点数占用的字长不同，一般为 2 个或 4 个机器字长。例如，二进制数 $N = - 0.1011 \times 2^{+(11)_2}$ 在机器中的表示形式如图 2-7 所示。

| 0 | 11 | 1 | 1011 |

图 2-7　浮点数表示形式

2.3　信息的基本单位

1948 年，香农（见图 2-8）在其发表的论文《通信的数学理论》中提出了"信息熵"的概念，从此解决了信息的量化问题。文中香农首次用数学语言阐明了概率与信息冗余度之间的关系，即任何信息都存在冗余。他借鉴热力学熵的概念，把信息中排除冗余后的平均信息量称为信息熵，并给出了计算信息熵的数学表达式，即著名的信息熵计算公式。

$$H(x) = -\sum p(x_i)\log(2, p(x_i)) \qquad (i = 1, 2, \cdots, n)$$

如果公式中的对数 log 以 2 为底，那么计算出的信息熵就以比特（bit）为单位，如今在计算机和通信中广泛使用的字节（Byte）、千字节（KB）、兆字节（MB）、吉字节（GB）等单位都是从比特演化而来的。比特的出现标志着人类知道了如何计量信息量。

图 2-8　香农（1916—2001）

2.3.1　最小的信息量单位——bit

bit 来自英文 binary digit，直译为二进制位，音译为比特位，简称位。在计算机科学中，把 1 位二进制数码能表示的信息量称为 1bit（1 比特）。它是构成信息的最小信息单位。一个二进制位只能表示 0 或 1 两种状态，将多个比特位组合在一起，就可以表示更复杂的信息。位与信息量间的增长关系如下。

1bit 表示的信息量为 2^1，取值为 0、1。

2bit 表示的信息量为 2^2，取值为 00、01、10、11。

3bit 表示的信息量为 2^3，取值为 000、001、010、011、100、101、110、111。

由此看来，当信息用二进制数表示时，寄存器每增加 1 位，信息量就增长 1 倍。

2.3.2　基本的信息量单位——Byte

Byte 是字节，由比特演化而来，是计算机中最基本的信息量单位。字节多用于表示计算存储容量和传输容量，很多有关信息识别、存储和处理的单位都是在字节的基础上制定的，因此字节也被认为是计算机中最基本的信息识别、存储和处理单位。

内存按字节划分存储单元，并按字节进行编址（内存地址）。虽然计算机中信息的最小存储单位是 bit，但硬件（如 CPU）通过地址总线所能访问或控制的最小存储单元是 Byte。

我们把 8 个连续的二进制位称为 1 字节，即 8bit = 1Byte（简写为 B），如果要控制某 1 位，可以通过位运算符和软件来实现。由于字节仍是一个很小的容量单位，为了方便标识和计算，KB、MB、GB、TB、PB 等大容量单位被广泛使用，它们之间的数量转换关系如下。

千字节（KB）：$1KB = 2^{10}B = 1024B$。

兆字节（MB）：$1MB = 2^{10}KB = 1024KB$。

吉字节（GB）：$1GB = 2^{10}MB = 1024MB$。

太字节（TB）：$1TB = 2^{10}GB = 1024GB$。

皮字节（PB）：$1PB = 2^{10}TB = 1024TB$。

2.3.3　常用信息量处理单位——Word

Word 是字，由字节演化而来。在计算机进行数据处理时，一次存取、加工和传送的二进制位组称为一个字。通常一个字由单字节或多字节组成的二进制位组构成。

CPU 在单位时间内一次所能处理的二进制位组称为字。我们把一个字的长度（即二进制位组的位数）称为字长，单位为 bit。字长是计算机系统结构中的一个重要的性能指标，如 32bit 处理器、64bit 处理器。

2.4　文本信息的表示

2.4.1　西文信息的表示

计算机中的一切信息都是用二进制编码表示的。用于表示文本信息的二进制编码称为字符编码。美国信息交换标准代码（ASCII）是由美国国家标准学会制定的标准单字节字符编码方案。标准的 7 位 ASCII 是用 7 位二进制数表示一个字符的编码，其编码范围为 0000000B～1111111B，共有 $2^7 = 128$ 个不同的编码值，相应地表示 128 个不同字符的编码。标准的 7 位 ASCII 字符集如表 2-2 所示。

表 2-2　标准的 7 位 ASCII 字符集

十进制	十六进制	字符	十进制	十六进制	字符	十进制	十六进制	字符	十进制	十六进制	字符
0	00	NUL	32	20	SP	64	40	@	96	60	`
1	01	SOH	33	21	!	65	41	A	97	61	a
2	02	STX	34	22	"	66	42	B	98	62	b
3	03	ETX	35	23	#	67	43	C	99	63	c
4	04	EOT	36	24	$	68	44	D	100	64	d
5	05	ENQ	37	25	%	69	45	E	101	65	e
6	06	ACK	38	26	&	70	46	F	102	66	f
7	07	BEL	39	27	'	71	47	G	103	67	g
8	08	BS	40	28	(	72	48	H	104	68	h
9	09	HT	41	29	)	73	49	I	105	69	i
10	0A	LF	42	2A	*	74	4A	J	106	6A	j
11	0B	VT	43	2B	+	75	4B	K	107	6B	k
12	0C	FF	44	2C	,	76	4C	L	108	6C	l
13	0D	CR	45	2D	-	77	4D	M	109	6D	m
14	0E	SO	46	2E	.	78	4E	N	110	6E	n
15	0F	SI	47	2F	/	79	4F	O	111	6F	o
16	10	DLE	48	30	0	80	50	P	112	70	p
17	11	DC1	49	31	1	81	51	Q	113	71	q
18	12	DC2	50	32	2	82	52	R	114	72	r
19	13	DC3	51	33	3	83	53	S	115	73	s
20	14	DC4	52	34	4	84	54	T	116	74	t
21	15	NAK	53	35	5	85	55	U	117	75	u
22	16	SYN	54	36	6	86	56	V	118	76	v
23	17	ETB	55	37	7	87	57	W	119	77	w
24	18	CAN	56	38	8	88	58	X	120	78	x
25	19	EM	57	39	9	89	59	Y	121	79	y
26	1A	SUB	58	3A	:	90	5A	Z	122	7A	z
27	1B	ESC	59	3B	;	91	5B	[	123	7B	{
28	1C	FS	60	3C	<	92	5C	\	124	7C		
29	1D	GS	61	3D	=	93	5D	]	125	7D	}
30	1E	RS	62	3E	>	94	5E	^	126	7E	~
31	1F	US	63	3F	?	95	5F	_	127	7F	DEL

　　7 位 ASCII 对大小写英文字母、阿拉伯数字、标点符号及控制符等特殊符号规定了编码。其中每个字符都对应一个相应进制的数值,称为该字符的 ASCII 值。如字符"0"的 ASCII 值为 48(30H),字母"A"的 ASCII 值为 65(41H),字母"a"的 ASCII 值为 97(61H)等。计算机内部用 1 字节(8 位二进制位)来存放一个 7 位 ASCII,其中最高位设置为 0。

扩展的 ASCII 使用 8 位二进制位表示一个字符的编码，可表示 $2^8 = 256$ 个不同字符的编码。

2.4.2　中文信息的表示

ASCII 只对英文字母、数字和标点符号等进行了编码。为了用计算机处理汉字，同样需要对汉字进行编码。从汉字编码的角度来看，计算机对汉字信息的处理过程实际上是各种汉字编码间的转换过程。这些编码主要包括：汉字输入码、汉字信息交换码、汉字内码、汉字字形码等。

1．汉字输入码

为了将汉字输入计算机而编制的代码称为汉字输入码，也称外码。目前汉字主要是通过标准键盘输入计算机的，所以汉字输入码都是由键盘上的字符或数字组合而成的。

汉字输入码是根据汉字的发音或字形结构等多种属性和规则编制而成的，目前常用的汉字输入码有拼音码、五笔字型码、自然码等，分别对应不同的输入法。拼音输入法根据汉字的发音进行编码，称为音码；五笔字型输入法根据汉字的字形结构进行编码，称为形码；自然输入法以拼音为主、辅以字形字义进行编码，称为音形码。

对于同一个汉字，不同的输入法有不同的输入码。例如，"中"字的全拼输入码是"zhong"，其双拼输入码是"vs"，而五笔输入码是"kh"。这 3 种不同的输入码通过输入字典转换，统一到交换码中。

2．汉字信息交换码

用于在汉字信息处理系统之间或在汉字信息处理系统与通信系统之间进行信息交换的汉字代码，简称为汉字信息交换码。其编码方式看似简单，却暴露了容量与兼容性的局限性，从而推动了 GBK、GB 18030—2022 及 Unicode 的诞生。

（1）GB 2312—1980

我国于 1981 年实施了国家标准《信息交换用汉字编码字符集 基本集》（GB 2312—1980），该标准规定了 6763 个汉字的代码。其编码原则：汉字用 2 字节表示，每字节用 7 位码（高位为 0）。该标准将汉字和图形符号排列在一个 94 行 94 列的二维代码表中，每个二维代码由 2 字节组成，用两位十进制编码，前字节的编码称为区码，后字节的编码称为位码。

（2）GBK 与 GB 18030—2022

GBK 字符集是国家标准扩展字符集，是 GB 2312—1980 的扩展方案。GB 2312—1980 只支持简体中文，而 GBK 支持简体中文和繁体中文。GBK 收录 21003 个汉字，883 个符号，共计 21886 个字符。

GB 18030—2022 即《信息技术 中文编码字符集》，采用单字节、2 字节和 4 字节方式进行编码，具有非常庞大的编码空间，几乎覆盖了现在所有编码方式的字符。

（3）Unicode

传统的字符编码方案大多存在一个问题，即无法同时支持多语言环境。大量非西方国家的编码标准都是各国自己制定的，因此各国文字字符编码的二进制数范围都是独立的，这就可能造成某个国家的某个文字编码与另一个国家的某个文字编码相同。随着互联网的发展，为了满足跨语言、跨平台进行文本转换和处理的需求，国际标准化组织制定了统一的文字编码标准——Unicode，简称统一码或万国码。

Unicode 为每种语言的每个字符设定了统一并且唯一的二进制编码。Unicode 采用 16 位的编码，也就是每个字符占用 2 字节，基本满足各种语言的使用。目前 Unicode 尚有大量未使用的编码空间，可用于特殊用途或未来的扩展。

3. 汉字内码

汉字内码是在计算机内部对汉字进行存储、处理的汉字代码。一个汉字被输入计算机后会转换为内码，以便在机器内传输、处理。目前，根据国标码的规定，一个汉字的内码也用 2 字节存储，并把每字节的最高二进制位设置为"1"，作为汉字内码的标识，以免与单字节的 ASCII 产生歧义。

汉字内码的形式多种多样，系统不同，其机内码也不同。以 Windows 操作系统为例，在 Windows 操作系统中，汉字存储的是其对应的 Unicode，然后用代码页适应各种语言。一个汉字的 Unicode 在内存中占 2 字节。

4. 汉字字形码

目前，在汉字信息处理系统中，产生汉字字形的方式，大多是数字式的，即以点阵的方式形成汉字字形，所以这里讨论的汉字字形码，特指确定一个汉字字形点阵的代码，也称字模或汉字输出码。

汉字是方块字。在计算机中，将显示一个汉字的方块等分成 *n* 行 *n* 列的格子，简称该方块为点阵。笔画所到的格子为黑点，用二进制数"1"表示；未到的格子为白点，用二进制数"0"表示。这样，一个汉字的字形就可用一串二进制数表示。例如，16×16 汉字点阵有 256 个点，需要 256 位二进制位来表示一个汉字的字形码。这就是汉字点阵的二进制数字化。图 2-9 所示是"中"字的 16×16 点阵字形示意。

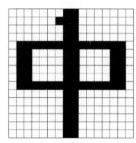

图 2-9 "中"字的 16×16 点阵字形示意

在计算机中，8 个二进制位组成一字节，它是度量存储空间的基本单位。因此，一个 16×16 点阵的字形码需要 16×16/8 = 32 字节的存储空间；同理，24×24 点阵的字形码需要 24×24/8 = 72 字节的存储空间；32×32 点阵的字形码需要 32×32/8 = 128 字节的存储空间。

显然，点阵中行数、列数划分越多，字形的质量越好，锯齿现象也就越不明显，但存储汉字字形码所占用的存储空间也就越多。汉字字形通常分为通用型和精密型两类，其中，通用型汉字字形点阵分为 3 种：简易型 16×16 点阵、普通型 24×24 点阵、提高型 32×32

点阵；精密型汉字字形用于常规的印刷排版，由于信息量较大（字形点阵一般在 96×96 点阵以上），通常都采用信息压缩存储技术。

汉字的点阵字形在汉字输出时经常使用，所以要把各个汉字的字形码固定地存储起来。存放各个汉字字形码的实体称为汉字库。为了满足不同需要，各种各样的字库应运而生，如宋体字库、仿宋体字库、楷体字库、简体字库和繁体字库等。

汉字点阵字形的缺点是放大后会出现锯齿现象，很不美观。Windows 操作系统广泛采用 TrueType 类型的字形码。TrueType 类型的字形码采用数学方法来描述一个汉字的字形码。采用这种字形码的汉字可以被无限放大而不出现锯齿现象。

2.4.3　Unicode 编码

世界上存在多种编码方式，同一个二进制数字可以被解释成不同的符号。因此，要想正确打开一个文本文件，就必须知道它正确的编码方式，否则用错误的编码方式解读就会出现乱码。如果有一种编码能将世界上所有的符号都纳入其中，并为每一个符号赋予一个独一无二的编码，那么乱码问题就可以避免。

Unicode 即统一码，又称万国码，是一种旨在满足跨语言、跨平台文本转换和处理需求的计算机字符编码。它为每种语言中的每个字符设定了统一并且唯一的二进制编码。

Unicode 收录包括简体中文、繁体中文，以及日、韩文中使用到的几乎所有汉字字符。Unicode 的汉字编码在 Windows 操作系统中又称为 CJK 编码（中、日、韩统一编码）。

思考与练习

1. 什么是基数？什么是位权？
2. 简述二进制数、八进制数、十进制数以及十六进制数之间相互转换的方法。
3. 什么是 ASCII？
4. 什么是机器数？什么是真值？
5. 简述西文字符与中文字符在计算机中的存储方式。

第 3 章

计算机系统

【知识目标】

① 了解计算机的主要硬件组件，如 CPU、内存、存储设备、输入/输出设备等。

② 理解操作系统的基本概念，包括进程管理、内存管理、文件系统和设备驱动。

③ 掌握网络的基础知识，如 TCP/IP 模型、网络协议、网络安全等。

④ 学习至少一种编程语言，理解其语法、数据结构和算法。

⑤ 了解数据库的基本概念，如 SQL、数据库设计和数据存储。

⑥ 理解软件开发的生命周期，包括需求分析、设计、编码、测试和维护。

⑦ 了解不同类型计算机系统的架构，包括客户端—服务器模型、分布式系统等。

【技能目标】

① 硬件组装与维护：能够组装计算机硬件，并进行基本的故障排除和维护。

② 操作系统管理：能够安装、配置和维护操作系统。

③ 网络配置：能够设置和维护网络连接，包括无线和有线网络。

④ 编程能力：能够使用至少一种编程语言编写、测试和调试程序。

⑤ 数据库操作：能够设计、查询和管理数据库。

⑥ 软件开发：能够参与软件开发项目，从需求分析到产品发布。

⑦ 系统分析与设计：能够分析现有系统，提出改进方案，并设计新系统。

【素质目标】

① 问题解决能力：能够识别问题，提出解决方案，并有效执行。

② 批判性思维：能够批判性地分析信息，做出合理的决策。

③ 团队合作：能够在团队环境中有效沟通和协作。

④ 持续学习：保持对新技术和行业趋势的关注，不断更新知识和技能。

⑤ 职业道德：遵守计算机行业的道德规范，保护用户隐私和数据安全。

⑥ 创新精神：鼓励创新思维，不断探索新的解决方案和技术。

⑦ 适应能力：能够适应快速变化的技术环境和工作要求。

3.1　计算机系统结构

计算机系统主要由硬件系统和软件系统两部分组成。硬件是指看得见、摸得着的实际物理设备，如通常我们看到的计算机，还有键盘、鼠标、显示器和打印机等外部设备，它们是计算机工作的物质基础。软件是一系列按特定顺序组织的计算机数据和指令的集合。计算机软件包括计算机本身运行所需要的系统软件和完成用户任务所需要的应用软件。计算机系统的基本组成，如图 3-1 所示。

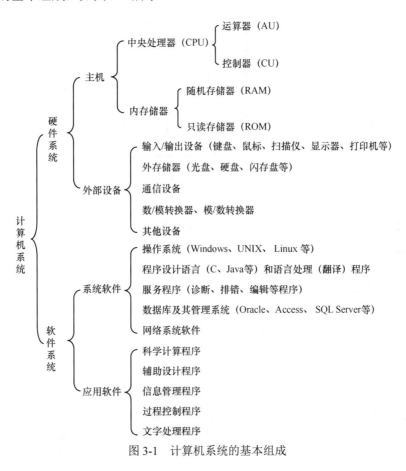

图 3-1　计算机系统的基本组成

3.2　计算机硬件系统

3.2.1　中央处理器

中央处理器（CPU）是计算机中最重要的部件，计算机中的各种运算和控制任务都由中央处理器完成。中央处理器内部结构主要包括三大部分：运算器、控制器和寄存器，如图 3-2 所示，它们通过 CPU 内部总线连接在一起。

1．运算器

运算器是对数据进行加工处理的部件，它在控制器的控制下与内存交换数据，执行算术运算、逻辑运算和其他操作。运算器包含用于暂时存放数据或结果的寄存器。

运算器主要由算术逻辑部件、内部寄存器（包括标志寄存器、通用寄存器和专用寄存器组）及内部总线 3 个部分组成，其核心是算术逻辑部件。算术逻辑部件执行的基本操作包括加、减、乘、除等算术运算，与、或、非等逻辑运算，以及移位、求补等运算。

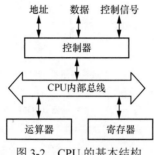

图 3-2　CPU 的基本结构

2．控制器

控制器是整个计算机系统的指挥中心，负责指令的分析、指令及操作数的传送，并根据指令的要求，有序、有目的地向各个部件发出控制信号，使计算机的各个部件协调一致地工作。

控制器的主要功能是读取和控制指令执行。由于指令和数据都存储在内存中，因此，执行指令的第一步是从内存中读取指令。然后，控制器根据指令的含义和控制器的状态将指令送入运算器执行。在执行过程中，要用到的操作数及最终的运算结果也由控制器通过总线送入内存存储。

3．寄存器

按寄存器的字面意思，可将其理解为用于暂时存放数据的小容量、高速度的存储部件。这里的"数据"是广义的，它可以是参加运算的操作数或运算的结果。存放这类数据的寄存器称为通用寄存器；另一类"数据"表示计算机当前的工作状态，存放这类数据的是专用寄存器，如指令寄存器、状态寄存器、程序计数器等。其中，程序计数器用于存放指令的地址，当前指令执行完毕后，程序计数器会自动指向下一条要执行的指令。指令寄存器用于存放从内存中取出的指令。

3.2.2　存储器

1．存储器的结构

存储器的结构可以表示为一个 n 行 m 列的矩阵，如图 3-3 所示。其中每一个矩阵格都用于存储一位二进制数。存储器的每一行称为一个"存储单元"，每个存储单元存放一个 8 位二进制数，8 位二进制数有其固定的长度单位——字节。存储器容量用存储器中含有的存储单元的个数来表示，以字节为单位，每字节包含 8 个二进制位。

存储器中每个存储单元都有唯一的编号，称为存储单元地址，地址从 0 开始顺序编排。在对存储单元进行访问时，首先应提供存储单元的地址，然后才能存取相应的存储单元中的信息。

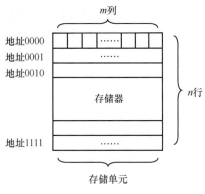

图 3-3　存储器的结构

2．地址位数与存储单元数量的关系

计算机中的数据全部是以二进制数表示的，存储单元的地址也是二进制数。在不同的计算机中，用于表示存储单元地址的二进制数的位数也可能不同。如果用 n 位二进制数作为地址，就会有 $2n$ 个不同的地址编码，也就可以标识 $2n$ 个不同的存储单元。因此，存储单元地址的位数与存储器存储单元的数量存在关联。

如果某个计算机用 32 位二进制数作为地址，则该计算机的存储器最多可以有 2^{32} 个存储单元，即存储空间为 4 GB。

存储器可容纳的二进制信息量称为存储容量。内存储器是由若干存储单元构成的，每个存储单元是 1 字节（8 个二进制位），因此度量存储容量的基本单位就是字节。此外，常用的存储容量单位还有 KB、MB、GB、TB 和 PB。它们之间的换算关系如下（$2^{10}=1024$）：

1KB=1024B；

1MB=1024KB；

1GB=1024MB；

1TB=1024GB；

1PB=1024TB。

3.2.3　输入设备与输出设备

输入设备用于接收用户输入的原始数据和程序，并将它们转换为计算机能够识别的格式存放在内存中。常见的输入设备有键盘、鼠标、扫描仪等。

输出设备用于将存放在内存中并经计算机处理的结果输出。常见的输出设备有显示器、打印机、绘图仪等。

输入设备与输出设备统称为 I/O 设备。

3.3　计算机软件系统

软件是用于指挥计算机工作的程序与程序运行时所需要的数据，以及与这些程序和数据有关的说明文档。软件分为系统软件和应用软件两大类。软件系统是计算机上可运行的全部程序的总和。只有在软件系统的支持下，计算机硬件系统才能向用户呈现出强大的功能和友好的交互界面。

3.3.1　系统软件

系统软件是管理、监控和维护计算机资源的软件，主要用于增强计算机的功能，提高计算机的工作效率，方便用户使用计算机。系统软件包括操作系统、程序设计语言、语言处理程序、数据库管理系统、系统辅助处理程序、驱动程序等。

1．操作系统

在计算机软件中，最重要且最基本的就是操作系统（OS）。它是底层的软件，控制所有在计算机上运行的程序并管理整个计算机的资源，是计算机硬件与应用程序及用户之间的桥梁。没有操作系统，用户就无法使用各种软件或程序。

操作系统是计算机系统的控制和管理中心，从资源管理的角度来看，它具有处理器管理、存储器管理、设备管理、文件管理功能。

操作系统按其提供的功能可分为批处理操作系统、分时操作系统、实时操作系统、网络操作系统等。

目前常见的操作系统有 Windows、Linux 等。

2．程序设计语言

计算机解题的一般过程：用户用程序设计语言编写程序，输入计算机，然后由计算机将其翻译成机器语言，运行后输出结果。程序设计语言的发展经历了 5 代——机器语言、汇编语言、高级语言、非过程化语言和智能化语言。

（1）机器语言

机器语言是第一代语言，是一种面向机器的语言。机器语言使用 0 和 1 的代码序列描述指令和数据，指令形式是二进制的，是计算机唯一能够识别和执行的形式。使用机器语言编写程序十分复杂，要求使用者熟悉计算机的所有细节，尤其是硬件，所以一般的工程技术人员很难掌握。其优点是执行效率高、速度快。但其可读性差，给计算机的推广和使用带来了极大的困难。

（2）汇编语言

汇编语言是第二代语言，是符号化的机器语言，采用助记符来表示指令中的操作码和操作数。它比机器语言前进了一步，助记符比较容易记忆，可读性也好。但是汇编语言也是面向机器的，对机器的依赖性特别强，编制程序的效率不高、难度较大、维护较困难，属于低级语言。

（3）高级语言

高级语言是第三代语言，比较接近自然语言和数学语言。其特点是与计算机的指令系统无关。它从根本上摆脱了语言对计算机的依赖，使之独立于计算机，用户不必了解计算机的内部结构，只需要把解决问题的执行步骤通过程序设计语言输入计算机。由于高级语言易学易记，便于书写和维护，因此提高了程序设计的效率和可靠性。目前广泛使用的高级语言有几百种，如 C 语言等。

（4）非过程化语言

非过程化语言是第四代语言，使用这种语言，程序员不必关心问题的解法和处理过程的描述，只需要说明所要完成的工作目标和工作条件，就能得到想要的结果，而其他的工作都由系统来完成。因此，它比第三代语言具有更强的优越性。

如果说第三代语言要求人们告诉计算机怎么做，那么第四代语言只要求人们告诉计算机做什么。因此，人们称第四代语言是面向对象的语言，如 C++、Java 等。

（5）智能化语言

智能化语言是第五代语言，除具有第四代语言的基本特征外，还具有一定的智能性。Prolog 就是第五代语言的代表，主要应用于抽象问题求解、自然语言理解、专家系统和人工智能等领域。

3．语言处理程序

前面提到，计算机只能直接识别和执行机器语言，因此要在计算机上运行高级语言程序，就必须配备程序语言翻译程序（以下简称翻译程序）。翻译程序本身也是一组程序，每种高级语言都有相应的翻译程序。

对于高级语言来说，翻译的方法有两种。

一种方法称为"解释"。早期的 BASIC 源程序的执行都采用这种方式。它调用计算机配备的 BASIC "解释程序"，在运行 BASIC 源程序时，逐条对 BASIC 源程序的语句进行解释和执行，不保留目标程序代码，即不产生可执行文件。这种方法每次运行都要经过解释，因此处理速度较慢。

另一种方法称为"编译"。它通过调用相应语言的编译程序，把源程序变成目标程序（以.obj 为扩展名），然后用连接程序，把目标程序与库文件连接，形成可执行文件。尽管编译的过程复杂一些，但它形成的可执行文件（以.exe 为扩展名）可反复执行，处理速度较快。

对源程序进行解释和编译的程序，分别称为解释程序和编译程序。如 Fortran、C 等高级语言，在使用时需要安装相应的编译程序；BASIC、LISP 等高级语言，在使用时需要安装相应的解释程序。

总之，编译程序和解释程序都属于语言处理系统。

4．数据库管理系统

数据库管理系统（DBMS）是一种用于建立、使用和维护数据库的大型软件。目前常见的数据库管理系统有 Oracle、Sybase、SQL Server、MySQL 和 Access 等。

5．系统辅助处理程序

系统辅助处理程序也称为软件研制开发工具、支持软件、软件工具，主要包括编辑程序、调试程序、装配和连接程序等。

6．驱动程序

随着各种类型的外部设备不断涌现，为了保证计算机系统能够正确识别这些硬件设备，并保证它们的正常运行，往往需要安装外部设备的驱动程序。驱动程序就是需要添加到操作系统中的一小段代码，其中包含有关硬件设备的信息。安装驱动程序后，计算机就可以与硬件设备进行通信。驱动程序是硬件厂商根据操作系统编写的配置文件，若没有驱动程序，计算机中的相关硬件就无法正常工作。因此驱动程序在系统中的地位十分重要。安装完操作系统，首要的工作便是安装各种硬件设备的驱动程序。不过，在大多数情况下，并不是所有硬件设备都需要安装驱动程序，例如硬盘、显示器、光驱等设备无须安装驱动程序，而显卡、声卡、网卡、打印机等设备就需要安装驱动程序。

操作系统不同，硬件的驱动程序也不同，各个硬件厂商为了保证硬件的兼容性及增强功能，会不断升级驱动程序。

驱动程序一般可以分为以下 4 类。

（1）正式版驱动程序

正式版驱动程序是指按照芯片厂商的设计研发并通过官方渠道发布出来的驱动程序。稳定性高、兼容性好是正式版驱动程序最大的优点。

（2）系统内置的通用驱动程序

在一般情况下，Windows 操作系统能够自动识别并安装绝大多数硬件设备的驱动程序。这些驱动程序由硬件厂商提供并通过了微软公司的 WHQL 兼容性测试，可以保证与 Windows 操作系统良好兼容。

（3）第三方驱动程序

第三方驱动程序一般是指由硬件产品 OEM 厂商发布的基于官方驱动优化而成的驱动程序，其通常比官方正式版拥有更加完善的功能和更加强劲的整体性能。

（4）测试版驱动程序

测试版驱动程序是指处于测试阶段，还没有正式发布的驱动程序。这样的驱动程序往往稳定性低、与系统的兼容差。

3.3.2 应用软件

应用软件可以分为两类，第一类是针对某个应用领域的具体问题而开发的专用软件，它具有很强的实用性和专业性。这些软件可以由专业的计算机公司开发，也可以由企业人员自行开发。正是这些专用软件的应用，使计算机日益渗透到社会的各个行业。但是，这类应用软件的使用范围有限，导致其开发成本过高，通用性不强，软件的升级和维护工作十分复杂。

第二类是由一些大型专业软件公司开发的通用应用软件，这些软件功能强大，适用性好，应用也非常广泛。由于软件的销售量大，因此，相对于第一类应用软件而言，其销售价格会便宜很多。这类应用软件的缺点是专用性不强，对某些有特殊要求的用户不适用。

常用的通用应用软件有以下 8 类。

1. 办公自动化软件

办公自动化软件中应用较为广泛的有微软公司开发的 Office，它由几个软件组成，如文字处理软件（Word）、电子表格软件（Excel）等。国内优秀的办公自动化软件有 WPS 等。

2. 多媒体应用软件

多媒体应用软件有图像处理软件 Photoshop、动画设计软件 Flash、音频处理软件 Adobe Audition、视频处理软件 Premiere、多媒体创作软件 Authorware 等。

3．辅助设计软件

辅助设计软件有机械与建筑辅助设计软件 AutoCAD、网络拓扑设计软件 Visio、电子电路辅助设计软件 Protel 等。

4．企业应用软件

企业应用软件包括用友财务管理软件等。

5．网络应用软件

网络应用软件有网页浏览器软件 Edge、即时通信软件 QQ、网络文件下载软件 FlashGet 等。

6．安全防护软件

安全防护软件有瑞星杀毒软件、360 杀毒软件等。

7．系统工具软件

系统工具软件有文件压缩与解压缩软件 WinRAR、数据恢复软件 EasyRecovery、系统优化软件 Windows 优化大师、磁盘复制软件 Ghost 等。

8．娱乐休闲软件

娱乐休闲软件有各种游戏软件、音视频软件。

3.4　操作系统概述

操作系统是最基本的系统软件，是整个计算机系统的管理核心，它负责管理计算机中所有的软硬件资源。若想要熟练地使用计算机，则应当从掌握操作系统知识开始。

3.4.1　操作系统的基本概念

操作系统是一套系统程序，它是直接作用于计算机硬件上的第一层软件，用于管理和控制计算机硬件和软件资源。只有在操作系统的支持下，计算机才能运行其他软件，例如，当计算机上的 Windows 7 操作系统不能启动时，我们就无法操作计算机，包括访问互联网、进行文字处理或运行程序。从用户的角度看，操作系统加上计算机硬件系统才形成完整的计算机系统，它是对计算机硬件功能的扩充。完整的计算机系统的层次结构如图 3-4 所示。

图 3-4　计算机系统的层次结构

在计算机系统中，操作系统的功能可以总结为两方面：一方面是作为硬件和软件的接口，负责管理所有硬件和软件资源，实现资源充分、合理的利用；另一方面是作为硬件和用户之间的接口，用户通过操作系统可以方便地使用计算机的所有资源。在计算机的使用层面，操作系统起到了媒介和桥梁的作用。

从用户角度来看，操作系统屏蔽了计算机内部复杂的硬件结构，用户只需要通过操作系统提供的一组规范、协议来使用计算机。操作系统的作用，如图 3-5 所示。用户对计算机硬件的使用就转化为对操作系统的使用，这极大地方便了用户。没有操作系统，普通用户就无法使用计算机。从这个意义上讲，如果计算机上的操作系统瘫痪，计算机也就无法使用了。

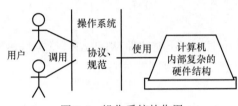

图 3-5　操作系统的作用

3.4.2　操作系统的发展与分类

随着计算机技术的发展，操作系统也在不断发展，经历了一个从无到有、从简单到复杂的过程，已经成为一个庞大而复杂的软件包。操作系统的发展经历了单用户单任务操作系统、批处理操作系统、实时操作系统、分时操作系统、分布式操作系统等阶段。

1. 单用户单任务操作系统

最早的操作系统是单用户单任务操作系统。计算机刚诞生时，操作不是很灵活，效率也不高，多个用户往往需要共享一台计算机。每个用户只有在分配给他们的时间段内，才能完全控制计算机。这段时间通常是从程序的准备开始，然后是短时间的程序执行过程。只有一个用户完成任务后，其他用户才可以开展工作。

2. 批处理操作系统

在单用户单任务操作系统的环境下，操作系统的效率很低。于是，人们开始致力于简化操作系统执行程序的准备工作，提高任务之间的过渡及处理效率。用户需要运行程序时，就必须把程序、所需的数据以及有关程序需求的说明提交并输入计算机的海量存储器，然后由操作系统从海量存储器中逐个读取并执行程序。这就是批处理的开始——将若干个要执行的任务收集到一个批次中，然后执行任务，无须与用户进一步交互。

在批处理操作系统中，存储器中的任务（包括所需的数据）称为作业，它们在作业队列中等待执行，如图 3-6 所示。队列是一种存储机构，作业按照先进先出（FIFO）的方式在队列中排队。也就是说，作业的出列顺序和入列顺序需要保持一致。实际上，大多数作业队列并不是严格遵循 FIFO 结构的，主要是因为大多数操作系统都考虑了作业的优先级，这就造成在队列中等待的作业有可能被优先级更高的作业"插队"。

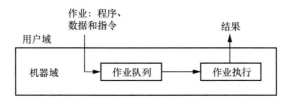

图 3-6　批处理操作系统中作业的执行过程

批处理操作系统的最大缺点是一旦作业提交给操作员，用户就无法与它进行交互。这种方法对于某些应用是可以接受的，如处理工资表时，数据与所有的处理决策事先就已经建立了。然而，如果在一个程序的执行期间，用户需要与该程序进行交互，这种方法就不再适用。例如，在预订系统中，预订和取消操作必须及时报告；在文字处理系统中，文档是以动态写入和重写方式开发的；在计算机游戏中，与计算机的交互性是游戏的主要特征。

3．实时操作系统

为了克服批处理操作系统的缺点，人们开发了一种新型操作系统——实时操作系统。该操作系统允许通过远程终端执行程序并与用户对话，这种特性称为交互式处理，用户和计算机可以在程序和数据方面进行交互，如图 3-7 所示。

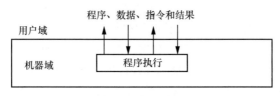

图 3-7　交互式处理

交互式处理最重要的一点在于，计算机的反应速度更快，能够协调用户的需求，而不是让用户完全遵循计算机的时间表。从某种意义上说，计算机在一个期限内被强制执行某项任务，这一过程就是实时处理，并且任务的完成也是实时进行的。这意味着，计算机完成任务的速度足以跟上该任务所在的外部环境（现实世界）中的行为。

当前的实时操作系统是一种时效性强、响应快的操作系统。根据应用领域，可将实时操作系统分为两种类型。一类是实时信息处理系统，如航空机票预订系统。在这类系统中，计算机实时接收从远程终端发来的服务请求，并在极短的时间内对用户的请求做出处理，其中很重要的一点是对数据现场的保护。另一类是实时控制系统，这类控制系统的特点是采集现场数据，并及时对所接收到的信息做出响应和处理。例如，用计算机控制某个生产过程时，传感器将采集到的数据传送到计算机系统，计算机要在很短的时间内分析数据并做出判断处理，其中包括向被控制对象发出控制信息，以实现预期目标。

实时操作系统对响应时间有严格的限制，一般是毫秒级甚至是微秒级的，处理过程应在规定的时间内完成，否则会失效。实时操作系统的最大特点是要确保对随机发生的事件做出及时响应。换句话说，对实时操作系统而言，"实时性"与"可靠性"是最重要的。

4．分时操作系统

在 20 世纪 70 年代，计算机的价格比较高，因此每台计算机不得不服务于多个用户，即工作终端的若干个用户在同一时间寻求同一台计算机的交互式服务。针对这个问题，人们设计了能同时为多个用户提供服务的操作系统，这一特点称为分时。实现分时的一种方法是应用称为多道程序设计的技术，其中时间被分割成时间片，每个作业的执行用时被限制在一个时间片内。当一个时间片结束时，当前的作业暂时停止执行，允许另一个作业在下一个时间片内执行。使用这种方法可以快速在各个作业之间进行切换，从而营造出多个作业"并行"运行的效果。现在，分时技术既可用于单用户系统，也可用于多用户系统。

随着多用户系统的发展，分时操作系统作为标准配置，被用在大型的中央计算机中，用于连接大量的工作站。通过这些工作站，用户能够从机房外面直接与计算机进行通信。通常，用户把要用到的程序存储在计算机的大容量存储设备上，然后操作系统就能够响应工作站的请求，执行这些程序。

5．分布式操作系统

用于管理分布式系统资源的操作系统称为分布式操作系统。对于用户而言，它看起来就像一个普通的集中式操作系统，但它为用户提供了对若干计算机资源的透明访问途径。分布式操作系统也可以被定义为通过通信网络将物理上分布的、具有自治功能的数据处理系统或计算机系统互联而形成的操作系统，用于实现信息交换和资源共享，协同完成任务。

总之，操作系统已经从简单的一次性获取和执行指令发展为结构复杂、能够进行分时处理、管理计算机大容量存储设备中的程序和数据文件，并能直接响应计算机用户请求的系统。

目前，计算机操作系统仍在继续发展。多处理器技术的发展已经能够让操作系统进行多任务处理，即操作系统可以把不同的任务分配给不同的处理器进行处理，而无须再采用分时机制共享单个处理器。操作系统必须妥善地处理负载平衡（动态地把任务分配给各个处理器，使所有处理器都得到有效利用）和任务划分（把大的任务划分为若干个子任务，并与可用的处理器数目相适应）问题。

此外，计算机网络的出现使开发相应的软件系统来规范网络变得十分必要。计算机网络在许多方面拓展了操作系统的研究领域，其目标不再是"把个人计算机的操作系统连起来"，而是打造一套统一的、覆盖整个网络的系统。

操作系统的一个重要研究方向是为类似掌上电脑的小型手持计算机开发系统，典型的操作系统包括苹果公司开发的 iOS 和谷歌公司基于 Linux 开发的 Android。

3.4.3　操作系统的组成

操作系统是一个复杂的系统软件包，我们可以从外壳和内核的角度来认识操作系统的组成。

1．操作系统的外壳

为了完成计算机用户请求的动作，操作系统必须能够与这些用户进行通信，操作系统中负责处理通信的这一部分，通常称为外壳，这里的"外壳"一般指的是命令、解释程序。

外壳借助图形用户界面（GUI）来实现操作系统与用户之间的通信。在图形用户界面中，类似文件和程序的操作对象，都可以用图标的形式在显示器上直观展示，用户可以使用鼠标指向、单击图标来发出命令。

虽然操作系统的外壳在实现计算机的功能方面扮演了重要的角色，但是，外壳仅仅是用户与操作系统内核之间的一个接口，如图 3-8 所示。

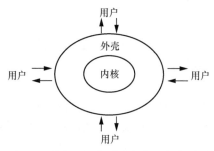

图 3-8　用户和操作系统内核之间的关系

GUI 中的一个重要组件是窗口管理程序，该程序将屏幕划分为多个被称为窗口的区域，并且跟踪与每个窗口联系的应用程序。当一个应用程序需要在屏幕上显示图像时，它就会通知窗口管理程序，这样一来，窗口管理程序就会把图像放在分配给该应用程序的窗口。然后，当用户单击鼠标时，窗口管理程序会计算鼠标的位置，并把这个鼠标位置传送给相应的应用程序。

2．操作系统的内核

与操作系统的外壳相对应，我们把操作系统内部的部分称为内核。操作系统的内核包含一些实现计算机基本功能的软件组件。内核的基本组件包括处理器管理程序、内存管理程序、设备管理程序、文件管理程序。下面将从操作系统功能的角度对这些组件逐一进行介绍。

3.4.4　操作系统的功能

计算机系统资源通常被分为 4 类：中央处理器、存储器、外部设备、由程序和数据组成的文件。操作系统的功能主要包括处理器管理、存储器管理、设备管理与文件管理。

1．处理器管理

处理器管理的主要任务是对中央处理器的分配和运行实施有效管理。进程是处理器分配资源的基本单位。简单地说，进程就是正在执行的程序，进程的执行需要数据。在操作系统中，将程序及程序执行时所需数据的一次动态执行过程称为作业。一次算法的执行、一次文档的打印都是作业。操作系统能对进入系统的所有作业进行组织和管理，因此，对处理器的管理可归结为对作业进程的管理。进程管理可实现以下功能。

（1）进程控制

当有作业要运行时，系统会为该作业建立一个或多个进程，并为它们分配除处理器以外的资源，然后将已建立的进程放入就绪队列中等待执行。当该作业进程运行完成时，系统会立即撤销该进程，及时释放作业进程所占用的全部资源。作业进程控制的基本功能就是创建和撤销作业进程，以及控制作业进程状态的转换。

（2）进程同步

进程同步是指系统对同时执行的作业进程进行监控和管理。最基本的作业进程同步方式是使作业进程以互相排斥的方式访问临界资源。对于相互合作并共同完成任务的各个作业进程，系统对它们的运行速度会加以协调。

（3）进程通信

相互合作的作业进程，在运行时需要交换一定的信息。这种作业进程之间进行的信息交换称为进程通信，由操作系统负责。

（4）进程调度

当一个正在执行的作业进程已经完成，或因某事件而无法继续执行时，系统会进行作业进程调度，重新分配处理器资源。进程调度是指按一定的算法，如最高优先权算法，从作业进程就绪队列中选出一个作业进程，把处理器分配给它，从而为该作业进程设置运行环境并运行该作业进程。

2．存储器管理

存储器管理主要是指内存管理，具体负责的组件就是内存管理器，它主要负责协调和管理计算机使用的主存储器。在计算机单任务的执行环境中，当前任务的程序被放在主存储器中已经定义好的位置上执行，执行完毕，再将下一个任务的程序放在当前位置上执行。然而，在多用户和多任务的环境下，计算机需要同时处理多个需求，内存管理器的职责就被扩展了。在这种情况下，许多程序和数据块必须同时存在于内存中，因此，内存管理器不仅要找到并分配内存空间，还要保证每个程序只能在程序所分配的内存空间内运行。而且，随着不同活动对内存的需求不断变化，内存管理器必须跟踪那些不再被占用的内存空间。

当所需的总内存空间超过该计算机实际所能提供的可用内存空间时，内存管理器的任务变得更加复杂。在这种情况下，内存管理器在内存与海量存储器之间来回切换程序和数据块，即进行分页，这样就造成了系统有额外的内存空间的假象。例如，假设需要一块大小为 1024MB 的内存空间，但是计算机所能提供的内存空间只有 512MB。为了造成计算机具有更大内存的假象，内存管理程序在磁盘上预留了 1024MB 的存储空间。这块存储区域将记录 1024MB 内存容量需要存储的位模式。这块存储区域被分成大小一致的存储单元，该存储单元称为页面，典型的页面大小只有几千字节。于是，内存管理器就在主存和海量存储器之间来回切换这些页面。这样，在任何给定的时间内，我们所需的页面都会出现在 512MB 的内存中，从而使计算机能够像拥有 1024MB 内存一样工作。这种由分页技术创造的大的虚构的内存空间称作虚拟内存。

3．设备管理

设备管理的主要任务是对计算机系统内的所有设备实施有效的管理，使用户方便、灵活地使用设备。设备管理应实现以下功能。

（1）设备分配

操作系统根据请求的外围设备类型和所采用的分配算法对外围设备进行分配，将未获得所需设备的作业进程放入相应的设备等待队列中。

（2）设备处理

设备处理是指操作系统启动指定的外围设备，完成规定的输入/输出操作，对外围设备发出的中断请求进行及时响应，并根据中断类型进行相应的处理。

（3）缓冲管理

由于中央处理器的运行速度比外围设备的运行速度要快得多，所以外围设备与处理器在进行信息交换时，就要利用缓冲区来缓解中央处理器与外围设备之间速度不匹配的矛盾，避免中央处理器因等待速度慢的外围设备而降低利用率。缓冲管理负责协调设备与设备之间的并行操作，以提高中央处理器和外围设备的利用率。在操作系统中有多种类型的缓冲区，操作系统必须对它们进行有效管理。

（4）设备驱动

设备驱动程序是内核的重要组件，是负责与控制器（有时直接与外围设备）进行通信，以实现对连接到计算机的外围设备执行操作的软件组件。每个设备驱动程序都是专门为特定类型的设备（如打印机、磁盘驱动器和显示器等）设计的，它们把一般的请求翻译为相关设备（分配给驱动程序的设备）所需的操作步骤。例如，打印机的设备驱动程序包含的软件不仅能够读取和解码特定打印机的状态字，还能够处理其他信息交换的细节。这样一来，其他软件组件就没有必要为了打印一份文件去处理这些技术细节，只需要运用设备驱动程序完成打印文件的任务，把技术细节交由设备驱动程序去处理。这种设计使软件组件可以独立于具体设备的特征，只需要安装合适的设备驱动程序，普通的操作系统就能够使用一些特殊的外围设备。

4．文件管理

文件管理程序用于协调计算机与海量存储器之间的交互。更准确地说，文件管理程序保存了存储在海量存储器上的所有文件的记录，包括每个文件的位置，哪些用户有权进行访问，以及海量存储器中的哪个部分可以用于建立新文件或扩充现有文件。这些记录被存放在单独的与相关文件相连的存储介质中，因此，每次存储介质启动时，文件管理程序便能够检索相关的文件，从而识别特定的存储介质中存放的内容。

为了方便计算机用户，大多数文件管理程序都允许把若干个文件组织在一起，放在目录或文件夹中。这种方法允许用户将自己的文件依据用途进行分类，把相关的文件放在同一个目录中。而且，一个目录可以包含称为子目录的其他目录，这样就可以构建层次化的目录结构。

例如，用户可以创建一个名为"MyRecords"的目录，其中包含名为"FinancialRecords""MedicalRecords""HouseHoldRecords" 3 个子目录，每个子目录中都会有属于该范畴的文件。Windows 操作系统用户能通过 Windows 资源管理器程序查看当前所有的目录结构。一条由多个子目录组成的链称为目录路径（简称为路径），通常是这样表示的——依次列出该路径上的目录，然后用反斜杠（\）进行分隔。例如，路径"animals\prehistoric\dinosaurs"表示从"animals"目录开始，经过名为"prehistoric"的子目录，最终到达名为"dinosaurs"的子目录。

其他软件实体对文件的任何访问都是由文件管理程序实现的。对文件的访问过程：先通过名为"打开文件"的过程，请求文件管理程序授权访问该文件，如果文件管理程序批准了该访问请求，那么它就会提供查找和操作该文件所需的信息。这些信息存储在主存储器中多为"文件描述符"的区域。对文件的各种操作都是通过引用"文件描述符"中的信息完成的。

另外，操作系统内核中还包括调度程序和分派程序等组件，这里不再详细介绍。

3.4.5 操作系统的启动

操作系统为其他软件组件提供了必需的软件基础设施。但是，操作系统本身是如何启动的呢？它是通过名为"引导"的过程实现的，这个过程由计算机在每次开机时自动执行。正是这个过程把操作系统从海量存储器（操作系统永久存放的地方）加载到内存（在开机时，内存实际上是空的）中。为了理解操作系统的启动过程及其必要性，我们需要从计算机的中央处理器和只读存储器（ROM）开始介绍。

1. 中央处理器

中央处理器的设计确保每次启动时，它的程序计数器都会从预先确定的地址开始。在这个地址上，中央处理器期望能找到要执行的第一条指令。从概念上讲，只需要在这个地址上存储操作系统。然而，出于经济和效率的考量，计算机的内存是采用易失性技术制造的，当计算机关闭时，也就意味着存储在内存中的数据会丢失。因此每次重启计算机时，我们就需要找到一种让操作系统重新加载到内存中的方法。

为了解决这个问题，计算机采用非易失性存储器构建特殊单元，这个特殊单元正是中央处理器期望找到的初始化程序的位置，也就是只读存储器（ROM）。

2. ROM

ROM 的内容可以读取，但不可以改变，因此被称为只读存储器。在一般的计算机中，引导程序被永久存储在计算机的 ROM 中。存储在 ROM 中的程序称为固件，这意味着它是由永久记录在硬件中的软件组成的。这样一来，在计算机开机时将最先执行这个程序。引导程序的任务是引导中央处理器将操作系统从海量存储器中预先定义的位置调入内存的可变存储区，如图 3-9 所示。一旦操作系统被调入内存，引导程序就引导中央处理器执行跳转指令，并转向该存储区域。这时，操作系统接管并开始控制计算机的活动。执行引导和开始操作系统的整个过程就称为计算机启动。

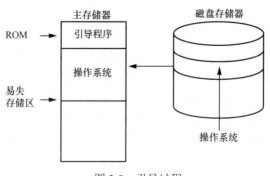

图 3-9　引导过程

3．启动过程

当计算机首次启动时，引导程序负责加载并激活操作系统。然后用户向操作系统提出请求，执行实用软件和应用程序。当实用软件或应用程序终止运行时，用户切断与操作系统的联系，这时用户能提出新的请求。

除了引导程序外，计算机的只读存储器还包括一组例行程序，用于实现基本的输入/输出活动，如从键盘上接收信息、把信息显示在计算机屏幕上，以及从海量存储器中读取数据等。因为存放在 ROM 中，所以这些例行程序可以被引导程序使用，以便在操作系统开始工作前就能完成输入/输出活动。例如，它们会在引导过程真正开始前，与计算机用户通信，并在引导期间提交错误报告。所有的例行程序共同构成了一个基本输入输出系统（BIOS）。从表面上看，基本输入输出系统仅仅指的是计算机 ROM 中的部分软件，而在实际上，其指存放在 ROM 中的整个软件集合，有时候也指 ROM 本身。

3.4.6　典型操作系统介绍

1．Windows 操作系统

1981 年，IBM 公司推出带有微软公司 16 位操作系统 MS-DOS 1.0 的个人计算机。由于 DOS 的设计和开发都是以 20 世纪 70 年代末期的计算机为基础的，随着计算机硬件技术的不断发展，DOS 在技术上的局限性也随之显现出来。首先，DOS 只能支持 640KB 的基本内存；然后，在使用上，DOS 的命令行方式枯燥单调，一般用户掌握起来比较困难。因此，随着微型计算机用户数量的急剧增加，图形界面的操作系统应运而生。

计算机之所以能够如此迅速地进入各行各业、千家万户，各种媒体信息之所以能够被方便、快捷地获取、加工和传递，得益于计算机、网络、多媒体等技术的发展。其中，图形界面的操作环境起了很大的作用，它将直观、方便的图形界面呈现在用户面前，使用户无须在提示符后面输入具体命令，而是通过鼠标来"告诉"计算机做什么。图形用户界面技术的特点体现在以下 3 个方面。

（1）多窗口技术

在 Windows 操作系统中，计算机屏幕被视为一个工作台，用户的主工作区域就是桌面。工作台将用户的工作显示在窗口中，用户可以在窗口中对应用程序和文件进行操作。

（2）菜单技术

用户使用某个软件时，通常借助该软件提供的命令来实现需要的功能。软件功能越强大，它所提供的命令越丰富，需要用户记住的命令也就越多。把命令变成菜单，就是为了减轻用户记忆负担的一种界面技术。

菜单将用户当前可以使用的一切命令全部显示在屏幕上，以便用户根据需要进行选择。从用户使用的角度来看，菜单带来了两大好处：一是可以减轻用户记忆命令的负担，二是可以避免用键盘输入命令时出现的人为错误。

（3）联机帮助技术

联机帮助技术为初学者开辟了一条高效使用软件的捷径。借助它，用户无须查阅纸质的用户手册就可以在操作过程中随时查看有关信息。联机帮助还可以为用户提供操作步骤的提示与引导。

2．UNIX 操作系统

UNIX 操作系统是由美国电报电话公司（AT&T）的贝尔实验室开发的，它能在微型计算机、小型计算机乃至大型计算机上得到广泛使用，是当今世界使用比较广泛的多用户、多任务操作系统之一。

UNIX 操作系统具有以下特点。

（1）支持多用户、多任务

UNIX 操作系统支持多用户、多任务，每个用户可以同时执行多个任务，进程的数目几乎不受任何限制。它支持多个用户同时登录并使用系统的资源。

（2）开放性和可移植性

UNIX 操作系统的迅速发展源自它的开放性。开放性是指系统的设计、开发遵循国际标准，因此能很好地兼容其他操作系统，可以很方便地实现互联。由于 UNIX 操作系统内核的大部分程序是采用 C 语言编写的，因此 UNIX 操作系统具有良好的可移植性，可以很容易地被移植到其他计算机上运行，也便于用户阅读、修改。

（3）数据安全性强

UNIX 操作系统具有强大的数据安全特性，可以有效防止外部用户的非法入侵，是企业级应用首选的操作系统。

（4）规模小、效能高

UNIX 操作系统内核小，仅有 1 万多行代码，但其具有强大的功能，并且实现效率高。

（5）友好的用户界面

UNIX 操作系统提供了功能强大的 Shell 编程语言，还为用户提供了丰富的调用功能。其用户界面简洁、高效。

（6）设备独立性

UNIX 操作系统把所有外部设备统一视为文件进行处理，安装了这些设备的驱动程序，可以将这些设备当作文件进行操作，因此具有很强的适应性。

3．Linux 操作系统

Linux 操作系统是于 20 世纪 90 年代推出的多用户、多任务操作系统。它最初是由林纳丝·托瓦兹在 1991 年编写的，其源程序在 Internet 上公布后，得到了全世界计算机爱好者的关注。

Linux 操作系统是一种免费的操作系统，用户可以免费获得其源代码，并能够按需求进行修改。Linux 操作系统还是一种类 UNIX 操作系统，它具有许多 UNIX 操作系统的功能和特点，能够兼容 UNIX 操作系统，且无须支付使用 UNIX 操作系统的高昂费用。例如，一个在单位使用 UNIX 操作系统的程序员，回到家也能在 Linux 操作系统上完成同样的工作，而不必重新购买 UNIX 操作系统。

Linux 操作系统具有以下特点。

（1）支持多用户、多任务

Linux 操作系统支持多用户、多任务，以高效性和稳定性而著称。

（2）开放性

Linux 操作系统遵循国际标准，因此与使用此标准开发的软件和硬件具有很好的兼容性，并能很轻松地实现互联。

（3）完善的网络功能

Linux 操作系统具备完善的网络功能，其在通信和网络功能方面优于其他操作系统。

（4）用户界面友好

Linux 操作系统可以提供 3 种命令界面，即命令行界面、系统调用界面和图形用户界面。

（5）操作系统内核小，对硬件要求低

Linux 操作系统可以运行在硬件配置较低的微机上。

Linux 操作系统版本众多，很多厂商基于 Linux 操作系统的内核开发了许多不同版本的 Linux 操作系统，其中包括许多中文版的 Linux 操作系统。目前常用的 Linux 操作系统主要有 Red Hat Linux 和 TurboLinux。

思考与练习

1．什么是计算机硬件？什么是计算机软件？它们之间有什么关系？

2．简述计算机系统的组成。

3．存储容量有哪些单位？这些单位之间存在什么关系？

4．什么是系统软件？什么是应用软件？

5．计算机用户与计算机硬件系统和软件系统之间的关系是什么？

6．什么是操作系统？它的主要功能是什么？

7．实时操作系统与分时操作系统的区别是什么？

8．分时处理与多任务处理的区别是什么？

9．简述软件的分类。

第 **4** 章

文字处理软件 Word 2016

【知识目标】

① 掌握 Word 2016 的基础知识。

② 熟悉 Word 2016 文档编辑界面。

③ 了解 Word 2016 文档排版功能。

④ 熟悉 Word 2016 表格编辑界面。

【技能目标】

① 掌握 Word 2016 的基本操作方法。

② 熟练运用 Word 2016 对文档进行编辑和排版。

③ 掌握 Word 2016 的图文混编方法。

④ 熟练运用 Word 2016 制作表格。

【素质目标】

① 培养学生对文档编辑的兴趣。

② 培养学生的动手能力、观察能力和实践操作能力。

③ 培养学生在知识运用上的创新精神以及团队合作精神。

4.1　Word 2016 概述

4.1.1　Word 2016 简介

Microsoft Word（以下简称"Word"）是微软公司的 Office 系列办公软件之一，主要用于文字处理和文档编辑。Word 2016 提供了一系列强大的功能和工具，使用户能够轻松地创建、编辑、格式化和分享文档。使用 Word，用户不仅可以编排出精美的文档，还能方便地编辑和发送电子邮件，处理网页，等等。本节将主要对 Word 2016 的工作窗口以及创建、保存、打开文档等基本操作进行简单介绍。

4.1.2　Word 2016 的启动与退出

安装 Word 2016 后，首先要熟悉它的基本操作——程序的启动和退出。

1．启动 Word 2016

与大多数 Windows 应用程序相同，启动 Word 2016 也有多种方法，下面介绍 3 种比较常见的方法。

方法一：从"开始"菜单启动。

安装 Word 2016 后，在"开始"菜单的"程序"中选择"Word 2016"菜单项，即可启动 Word 2016 应用程序，如图 4-1 所示。

图 4-1　从"开始"菜单启动 Word 2016

方法二：双击 Word 文档启动。

打开"资源管理器"，双击某一个 Word 文档，即可启动 Word 2016，并打开被双击的 Word 文档。

方法三：使用桌面快捷方式启动。

如果桌面上有 Word 2016 的快捷方式，那么双击 Word 2016 的图标即可启动。

2．退出 Word 2016

与其他 Windows 应用程序类似，退出 Word 2016 有以下 4 种常见方法。

方法一：在"文件"选项卡中选择"关闭"命令。

方法二：在标题栏上单击鼠标右键，在弹出的快捷方式中选择"关闭"按钮。

方法三：单击窗口右上角的关闭█按钮。

方法四：将要关闭的窗口作为当前窗口，按"Alt + F4"快捷键，可退出 Word 2016。

4.1.3　Word 2016 的新增功能

启动 Word 2016 后的界面如图 4-2 所示。对于 Word 的老用户来说，了解 Word 2016 的新增功能可以帮助他们更快更好地掌握 Word 2016 的使用方法。

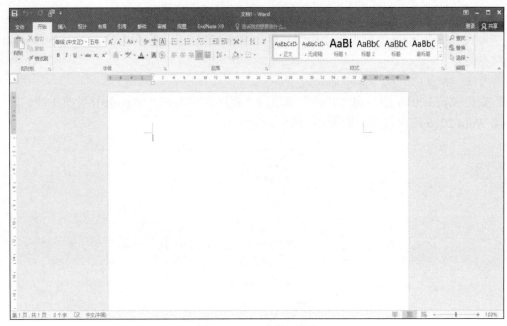

图 4-2　Word 2016 界面

与 Word 的先前版本相比，Word 2016 在提升生产力、方便团队协作、增强文档设计等方面有了显著的提升。

① 实时协作功能。用户可以与他人实时协作编辑同一份文档。多人可以同时编辑文档，所有更改都会实时同步显示，方便团队合作和版本控制。

② 智能查找功能。新增的智能查找功能允许用户输入关键词来寻找特定的功能或进行操作，使查找功能变得更加快速和直观。

③ 新的图表类型。Word 2016 引入了一些新的图表类型，如 TreeMap（树状图）、Sunburst（旭日图）、Histogram（直方图）等，使用户在创建图表时有更多选择。

④ 改进的版本历史记录。用户可以轻松查看文档的历史版本，并且比较不同版本之间的差异，这对于恢复误操作或者追溯内容修改非常有用。

⑤ 智能提示。用户可以在不离开 Word 界面的情况下使用智能提示功能，在选中的文本上单击鼠标右键，快速查找相关信息（如定义、图片等）。

⑥ 新增的主题和样式。Word 2016 引入了新的文档主题和样式，使用户可以轻松为文档选择合适的外观风格，提升文档的视觉效果。

⑦ 跨平台支持和云同步。Word 2016 支持在不同设备（如 PC、平板、手机）之间进行无缝工作，并且支持与云存储服务（如 OneDrive）的集成，方便用户随时随地访问和编辑文档。

⑧ 安全性和隐私保护。Word 2016 改进了安全功能，以保护用户数据的安全性和隐私，包括文件加密、权限控制等功能。

⑨ 墨迹公式（Moore's Law）。Word 2016 增加了一个强大且实用的功能——允许用户在编辑区域手写输入数学公式，并将其转换为系统可识别的文本格式。

这些新功能使 Word 2016 在办公和协作方面更加高效和便捷，显著提升了 Word 2016 的实用性和用户体验，让用户在使用过程中充分体验到其强大的功能。

4.2　文档的录入

新建或打开一个文档后，文档窗口会有个光标在闪烁，它表示可以在此位置输入文本，不过输入文本之前需要选择输入法。

4.2.1　选择输入法

在 Word 2016 中，用户既可以输入汉字，也可以输入英文。当刚打开 Word 2016 时，输入法默认处于中文输入状态，并且为微软拼音输入法。如果想用这种输入法输入中文，直接用键盘输入即可。

要切换到其他输入法状态，有以下两种方法。

方法一：单击屏幕右下方语言栏的输入法指示器，这时会弹出输入法菜单，如图 4-3 所示，选择需要的输入法即可。

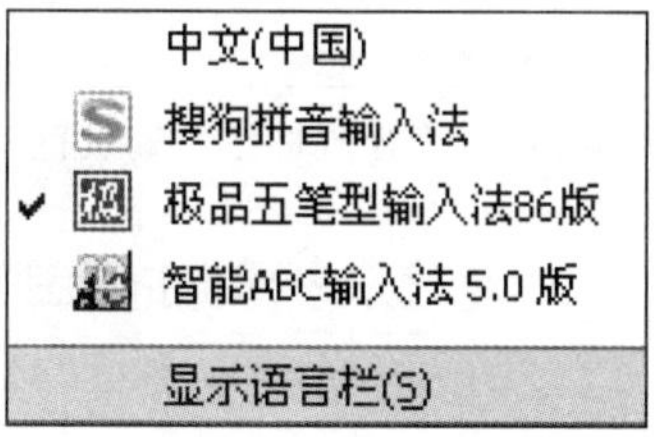

图 4-3　输入法菜单

方法二：使用"Ctrl + Shift"快捷键进行输入法切换。

如果要输入英文，可以选择输入法菜单中的"中文"选项，此时将处于英文的输入状态，直接用键盘输入即可。要输入大写字母时，可以先按大写锁定键，再输入英文字母；若再按一下"Caps Lock"键，就又回到了小写字母的输入状态。

4.2.2　输入文本

选择一种输入法后，就可以在光标处向文档中输入文本了。

用户可以在"插入"与"改写"两种方式下输入文本。在 Word 2016 窗口下方的状态栏中，单击鼠标右键，在出现的自定义列表中，单击"改写"按钮，状态栏会出现"改写"按钮，如图 4-4 所示，表明当前处于"改写"输入模式。再次单击"改写"按钮，将变为"插入"按钮，如图 4-5 所示，表明当前处于"插入"输入模式。

第 1 页，共 1 页　677 个字　　中文(中国)　改写

图 4-4　"改写"输入模式

第1页，共1页　677个字　中文(中国)　插入

图 4-5　"插入"输入模式

"插入"和"改写"方式的区别：当光标后面有内容时，若采用的是"改写"输入模式，输入的内容将覆盖光标后面的内容；如果采用的是"插入"输入模式，光标后面的内容将依次后移。了解了它们的功能以后，用户可以根据需要选择输入模式。

用户可以显示或隐藏格式标记，在输入文档的过程中，输完一段后，可以按"Enter"键创建一个新的段落，Word 2016 通过插入一个段落标记来标记段落的结束。段落标记在 Word 2016 的文档中是非打印字符，不会被打印机印出来。除段落标记外，非打印字符还有空格和制表符等，在 Word 2016 中被称为格式标记。

通常在屏幕上是看不到格式标记的，但是可以通过进行相应的设置显示它们，具体操作如下。

在"开始"选项卡的"段落"组中，选择"显示/隐藏编辑标记"选项，如图 4-6 所示。

图 4-6　"格式标记"的设置

选中"段落标记"按钮，文档中将显示段落标记符号。

4.2.3　插入日期、时间和特殊符号

输入文本时，有时需要输入一些特殊的字符，如日期、时间和特殊符号等。特殊符号是指键盘上没有的符号，如"1/4"、"⑯"、长破折号（——）、省略号（……）或不间断空格等。

1. 日期和时间

在文档中插入日期和时间的方式有三种：键盘直接输入方式、静态方式和自动更新方式。使用键盘直接输入方式可以向文档中输入任意时间和日期，而使用静态方式和自动更新方式是将当前系统的日期和时间插入文档，还可以根据需要自动更新。

（1）键盘直接输入方式

使用键盘直接输入方式输入时间、日期与输入其他普通文本一样，用键盘直接输入即可。以这种方式输入的时间和日期可以是任意的，不受系统时间的限制，所以也不会自动更新。

（2）静态方式

以静态方式插入的是系统时间和日期，时间和日期一旦插入，将一直保持不变，其操作步骤如下。将光标移动到要插入时间或日期的位置，在"插入"选项卡的"文本"组中选择"日期和时间"选项，打开"日期和时间"对话框，如图 4-7 所示。

图 4-7　"日期和时间"的设置

在"可用格式"列表框中选择需要的日期或时间格式，单击"确定"按钮，日期或时间就会按选择的格式插入文档。

（3）自动更新方式

自动更新方式是指把日期和时间插入文档后，日期和时间还会随着系统时间的改变而自动更新，打印文档时打印的是当前日期和时间，适用于通知、信函等文档类型。具体的操作步骤和静态方式类似，不同的是要在"日期和时间"对话框中选中"自动更新"单选框，如图 4-8 所示。

图 4-8　自动更新"日期和时间"的设置

2．输入特殊符号

向文档中插入一些如"※"键盘上没有的符号时，就必须使用 Word 2016 提供的插入符号功能，操作步骤如下。

将光标移动到想要插入符号的位置。

在"插入"选项卡"符号"组中选择"符号"或"特殊符号"选项，打开"符号"对话框，如图 4-9 所示。

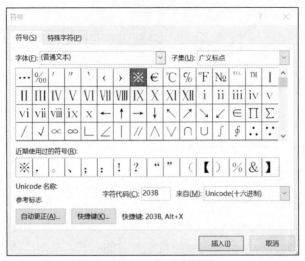

图 4-9　插入特殊符号

双击要插入的符号，即可将该符号插入文档。

上面这种方法使用起来比较简单，但是，在频繁插入这些特殊符号时使用这种方法非常麻烦，通常情况下，Word 2016 为常用的符号提供了快捷键，在"符号"对话框中可以看到它们的快捷键定义。

如果觉得 Word 2016 定义的快捷键使用起来不方便，用户也可以自己为该字符定义快捷键，操作步骤如下。

在"符号"对话框中选择要定义快捷键的符号，单击"快捷键"按钮，弹出"自定义键盘"对话框，如图 4-10 所示。

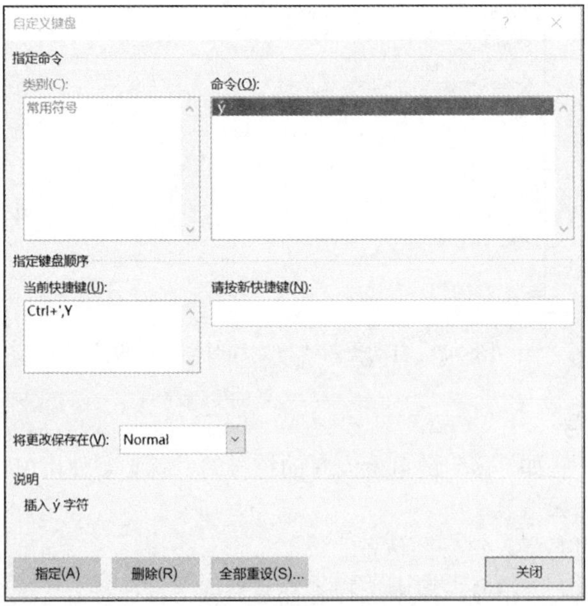

图 4-10　为"特殊符号"设置快捷键

将光标定位到"请按新快捷键"文本框，按下新的快捷键，该快捷键会显示在该文本框中。

单击"自定义键盘"对话框左下角的"指定"按钮，然后单击"关闭"按钮就完成了快捷键的设定。

如果要删除关于某个快捷键的定义，可以在"自定义键盘"对话框中选择"当前快捷键"列表框中的快捷键定义，然后单击"删除"按钮，再单击"关闭"按钮。

4.2.4　移动与复制

向文档中输入文本时，有时需要重复输入相同的内容，这时可以使用 Word 提供的复制与粘贴功能来节省输入文字的时间，提高工作效率。

提到复制、粘贴就不得不介绍剪贴板。剪贴板是 Windows 系统内置的一个非常实用的工具，它如同桥梁，使在各种应用程序之间，传递和共享信息成为可能。

在某个程序中剪切或复制信息时，该信息会被移动并保留在剪贴板中，直到清空剪贴板或者再次剪切或复制新的内容。剪贴板窗口显示了剪贴板中的内容，可以让用户在任何需要的时候将信息从剪贴板粘贴到文件中。

一般情况下，剪贴板是隐藏的，仅利用它来粘贴资料。可以按"Ctrl + C"快捷键复制内容，再按"Ctrl + V"快捷键粘贴；或单击鼠标右键，在弹出的快捷菜单中选择"复制"选项，再选择"粘贴"选项。

1．文字的复制与粘贴

文字的复制与粘贴一般是成对使用的。

复制时，要先选取欲复制的文字，再进行复制。操作方法有以下 3 种。

方法一：选择"开始"选项卡中的"复制"命令。

方法二：在选取的文字上单击鼠标右键，在弹出的快捷菜单中选择"复制"选项。

方法三：使用"Ctrl + C"快捷键。

粘贴时，先在欲粘贴文字的位置处单击鼠标左键，插入光标，再进行粘贴。操作方法有以下 3 种。

方法一：选择"开始"选项卡中的"粘贴"命令。

方法二：单击鼠标右键，在弹出的快捷菜单中选择"粘贴"选项。

方法三：使用"Ctrl + V"快捷键。

2．文字的剪切和移动

在编辑文档过程中，可能需要将某些文本从当前位置移动到其他位置，以改变文档的结构。操作方法：先删除这部分文档，然后将光标定位到要输入文档的新位置，再重新输入文本，该方式对于少量文字的移动是可行的，但如果要移动整段或更多的文字，就显得很烦琐。这种情况下可以使用 Word 提供的剪切与移动功能，高效、快捷地完成工作。

剪切与复制差不多，不同的是，复制只将选择的部分内容拷贝到剪贴板中，而剪切会选取的部分内容拷贝到剪贴板并将其从原位置删除。操作方法有以下 3 种。

方法一：选择"开始"选项卡中的"剪切"命令。

方法二：在选取的文字上单击鼠标右键，在弹出的快捷菜单中选择"剪切"选项。

方法三：使用"Ctrl + X"快捷键。

结合使用"剪切"与"粘贴"功能，便可以将选取的文字从当前位置移动到其他位置。Word 还提供了直接移动文字的功能，操作方法有以下 2 种。

方法一：将鼠标指针移动到选取的文字上，当鼠标指针变成箭头形状时，按住鼠标左键并拖动鼠标，这时随着鼠标的移动，鼠标左侧会出现一条黑色竖线，表明被选取的文字将要移动的目标位置。在目标位置释放鼠标左键，如图 4-11 所示，"上呼吸道感染"就被移动到"此处"后面。

方法二：使用快捷键。按"Ctrl + X"快捷键后，再按"Ctrl + V"快捷键完成操作。

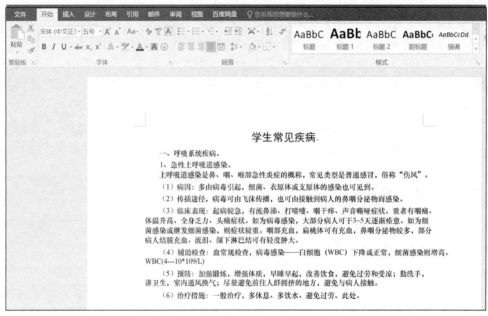

图 4-11　移动文字

4.2.5　删除、撤销和恢复操作

1. 删除操作

在编辑文档的过程中，经常需要删除一些文字。

① 将光标定位到要删除字符的后面，按"Delete"键，该字符即被删除，同时被删除字符后面的文字会依次前移。

② 如果要删除一整段内容，则首先选取欲删除的段落，然后按"Delete"键。

2. 撤销与恢复

编辑文档时，经常会发生一些错误操作，如输入了错误的字符或误删了不该删除的内容等，为此 Word 提供了撤销与恢复功能。撤销功能是为了纠正错误，即取消上一步操作，将编辑状态恢复到执行错误操作之前的状态；而恢复功能则是恢复被撤销的操作，所以恢复操作实际上是撤销操作的逆操作。

撤销操作的方法有以下 2 种。

方法一：单击快速访问工具栏中的"撤销"按钮。

方法二：使用"Ctrl + Z"快捷键。

恢复操作的方法有以下 2 种。

方法一：单击快速访问工具栏的"恢复"按钮。

方法二：使用"Alt + Shift + Backspace"快捷键。

4.3　文档编辑

4.3.1　文字的选择、插入、删除

1．文字的选择

在 Word 中，常常要对文档的某一部分进行操作，如某个段落、某些句子等，这时就必须先选取要进行操作的部分，被选中的文字会以加灰色底纹的形式显示在屏幕上，这样就可以将其与未被选取的部分区分，如图 4-12 所示。选取文本之后，用户所做的任何操作都只作用于选择的文本。

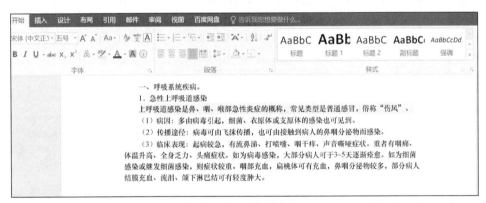

图 4-12　文本的选择

下面介绍 3 种常用的选取方法。

（1）用鼠标选取

用鼠标选取是最基本、最常见的选取方式，在要选取的文字的开始位置单击鼠标左键，然后拖动鼠标，将鼠标指针移动到要选取文字的结束位置释放鼠标即可。或者在要选取文字的开始位置单击鼠标左键，按住"Shift"键，在要选取文字的结束位置再次单击鼠标左键，同样可以选取这些文字，该方法适用于选取连续的字、句、行、段。

选取某一行：将鼠标光标移动到要选择的段落或行的任意位置，然后双击左键也可选择整行，如图 4-13 所示，或者将光标定位在要选择行的开始位置，按住"Shift"键再按"End"键，可以选取光标所在行的文字。

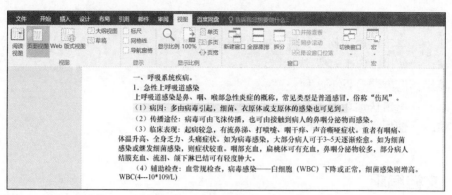

图 4-13　用鼠标选择一行文本

选取某一句：将光标移动到要选取的句子的任意位置（通常是句子的开头），然后双击。

选取某一段：将光标放在段落的开头处，按"Ctrl + Shift +↓"快捷键。

（2）矩形的选取

矩形的选取方法：按住"Alt"键，在要选取的开始位置单击鼠标左键，拖动鼠标可以拉出一个矩形选择区域，如图 4-14 所示。

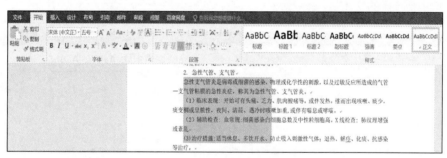

图 4-14　选择矩形文本

（3）选取全文

方法一：在"开始"选项卡中，选择"编辑"组"选择"中的"全选"命令。

方法二：按"Ctrl + A"快捷键。

方法三：将鼠标指针移到文档的开头，按住"Shift"键的同时，单击文档的末尾。

2．文字的插入

在文档中的某个特定位置插入一段文本或者字符，只需将光标移动到要插入文本的地方，直接输入文本。

3．文字的删除

在文档中，将现有的文本删除，主要有以下两种方法。

方法一：选择要删除的文本，单击鼠标右键，选择"删除"选项即可。

方法二：用快捷键删除。按"Backspace"键可以删除光标左边的文本；按"Delete"键可以删除光标右边的文本。

4.3.2　查找和替换

编辑文档时，常常需要对某些文本进行检查或修改，如把"病毒"改为"病菌"，单凭肉眼搜索，不仅费时费力，而且很容易遗漏。Word 2016 提供了强大的查找和替换功能，可以帮助用户轻松地完成这些操作。

1. 查找文本

Word 2016 查找文本的功能十分强大，它的查找对象包括字、词、句子、特殊字符等。查找文本的方法主要有以下两种。

（1）使用导航窗格查找

① 把光标放在文档起始位置，在"视图"选项卡中，勾选"显示"组中"导航窗格"的复选框，打开导航窗格；在"开始"选项卡中，选择"编辑"组中的"查找"命令，也可以打开"导航"窗格，如图 4-15 所示。

图 4-15　使用"导航"窗格查找文本

② 在导航窗格的"搜索文档"框中输入要查找的文本内容，开始搜索。

③ 搜索到文本内容后，导航窗格会列出包含查找内容的段落，并突出显示查找内容。

（2）使用"查找和替换"对话框查找

打开"高级查找"对话框或单击"替换"按钮，打开"查找和替换"对话框，查找文本内容，如图 4-16 所示。

图 4-16　"查找和替换"对话框

在"查找内容"列表框中输入要查找的内容，如"疾病"。

选中"阅读突出显示"选项，从中可以选择"全部突出显示"或"清除突出显示"，用以设置查找内容是否突出显示。

选中"在以下项中查找"选项，从中可以选择"当前所选内容"或"主文档"，用以设置查找范围。

单击"查找下一处"按钮，即可找到指定的文本。找到后，Word 会将该文本所在的页移到屏幕中央，并用带颜色的底纹突出显示找到的文本。此时，"查找和替换"对话框仍然显示在窗口中，用户可以单击"查找下一处"按钮，继续查找指定的文本，或单击"取消"按钮退出查找。

如果用户需要限定查找的范围或进行更精确的查找，可以对查找进行高级选项的设置。方法是单击"查找和替换"对话框中的"更多"按钮，以展开高级选项，如图 4-17 所示。其中"搜索"下拉列表框中有"全部""向下""向上"3 个选项，"全部"选项代表在整个文档中进行查找，"向下"指光标从当前位置向下查找，"向上"指光标从当前位置向上查找。另外，在"搜索选项"选项区有十个复选框用于限制查找的形式，如"区分大小写""全字匹配"等，当对应复选框处于选中状态时，即开启了该项功能。

图 4-17　展开"更多"选项

查找格式：Word 2016 的查找功能不仅可以用于查找指定的文本，还可以用于查找指定的格式。例如，如果用户要查找具有斜体格式的文本，操作步骤如下。

在"开始"选项卡中，选择"编辑"组中的"查找"选项，然后选择"高级查找"菜单项，弹出"查找和替换"对话框。

单击"更多"按钮，展开"查找和替换"对话框的高级选项。

单击"格式"按钮，在弹出的下拉菜单中选择"字体"选项，如图 4-18 所示。此时将弹出"查找字体"对话框，并默认打开"字体"选项卡，如图 4-19 所示。

图 4-18　选择"字体"选项

图 4-19　"查找字体"对话框

利用各选项设置要查找的格式，如在"字形"列表框中选择"倾斜"选项，单击"确定"按钮，返回到"查找和替换"对话框。

单击"查找下一处"按钮，则 Word 2016 会找到具有指定格式（即"字形"为"倾斜"）的文本，并以带底纹的形式显示文本的当前位置。

2．替换文本

Word 2016 提供的替换功能允许用户用新的文本替换指定的文本，例如，可以把"长江"替换为"黄河"。

执行替换功能的操作步骤如下。

在"开始"选项卡中，选择"编辑"组中的"替换"选项，打开"查找和替换"对话框，这时默认打开"替换"选项卡，如图 4-20 所示。

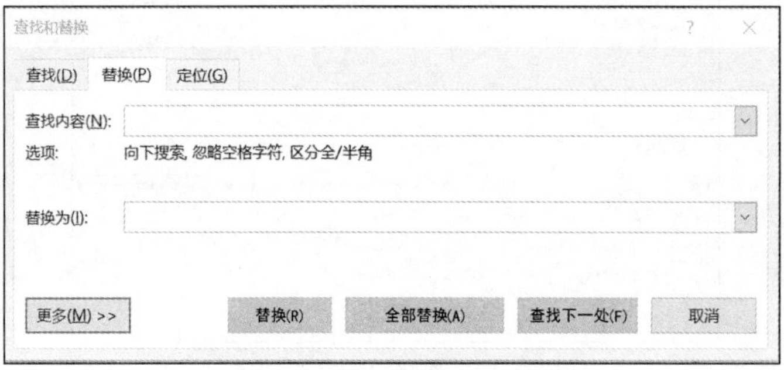

图 4-20　打开"替换"选项卡

在"查找内容"框中输入要替换的文本，如"长江"。

在"替换为"框中输入替换文本，如"黄河"。

单击"查找下一处"按钮，Word 会自动找到要替换的文本，并以加底纹的形式显示。如果用户决定替换，则单击"替换"按钮，否则可单击"查找下一处"按钮继续查找或单击"取消"按钮不进行替换。如果单击"全部替换"按钮，则 Word 2016 会自动替换文档中所有指定的文本，即将文档中所有的"长江"替换为"黄河"。

与查找功能类似，用户可以首先设定替换的范围，方法是单击"更多"按钮，展开"查找和替换"对话框的高级选项。

4.3.3　模板、样式以及项目符号、编号的运用

1．创建模板

处理文档的过程中，如果需要重复使用同样的文档结构和文档设置，就可以自定义并创建一个模板，操作步骤如下。

① 打开包含所需文档结构或文档设置的文档。

② 在"文件"选项卡中选择"另存为"选项，弹出"另存为"对话框，在该对话框的"保存类型"下拉列表框中选择"Word 模板"选项，则自定义 Office 模板文件夹将作为默认选项出现在"保存位置"下拉列表框中。

③ 在"文件名"下拉列表框中输入新建模板的名称，单击"保存"按钮，则该文档将被保存为一个模板文件，此后对其所做的修改将不影响原文档，如图 4-21 所示。

④ 在新模板中添加所需的文本和图形，并删除任何不需要的内容。

⑤ 更改页边距、页面大小和方向、样式及其他格式。

⑥ 在快速工具栏中单击"保存"按钮，然后选择"文件"选项卡中的"关闭"命令，

就成功地创建了一个新的模板，便于日后调用。

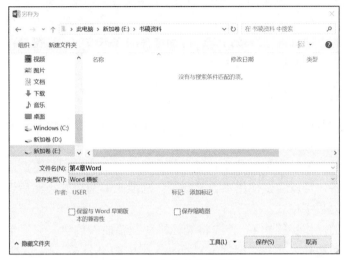

图 4-21　自定义创建模板

2．应用样式

在 Word 2016 中新建文档时，默认的模板是 Normal 模板，该模板提供了多种内置样式。如果要在文本中应用某种内置样式，操作步骤如下。

① 将光标置于需要应用样式的段落中或选中要应用样式的文本。

② 在"开始"选项卡中选择"样式"选项，打开"样式"任务窗格，如图 4-22 所示。

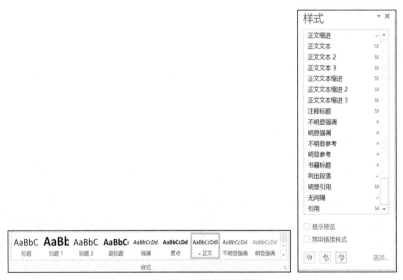

图 4-22　样式的设置

③ "样式"任务窗格列表框列出了可选的样式，有段落样式、字符样式、表格样式以及列表样式等，单击需要的样式即可应用该样式。

3．项目符号与编号

项目符号和编号可以使文档结构更加清晰、层次分明，便于读者阅读和理解。

为文本添加项目符号和编号：选择要应用项目符号或编号的文本，单击"开始"选项卡"段落"组中的"项目符号"按钮 ，可为选择的文本添加项目符号；单击"编号"按钮 。可为选择的文本添加编号。

4.3.4　公式的输入

Word 2016 支持编辑数学公式，用户可以通过以下两种方式插入和编辑数学公式。首先，用户可以单击"插入"选项卡中的"公式"按钮打开公式编辑器。在公式编辑器中，用户可以使用各种数学符号和结构来构建公式。此外，Word 2016 还支持手写公式，如果用户拥有触屏设备，可以尝试使用"数学墨迹"功能来书写公式，然后选择"插入"命令将手写公式转换为数字格式。

公式编辑器的操作步骤如下。首先将光标移动到要插入数学公式的位置，然后选择"插入"选项卡"符号"组中的"公式"选项（见图 4-23）。在打开的对话框中，选择"插入新公式"，将会弹出"公式工具"工具栏，如图 4-24 所示，用户就可以输入公式了。

图 4-23　打开公式编辑器

图 4-24　"公式编辑器"工具栏

4.4　文档排版

录入、修改完文档中的文字后，就需要进行适当的格式设置，以使文档更加美观并且方便阅览。文档的格式设置，通常可分为 3 个层次：第一层是字符的格式设置，第二层是段落的格式设置，第三层是决定整体布局的页面的格式设置。

4.4.1　设置字符格式

字符格式包括字符的字体、字号、字形、颜色和字符修饰等。如果不进行任何特别的设置，在一个普通空白文档中输入的字符通常是宋体五号字，并且没有任何修饰效果。为了确保设置有效，应该先选择文字再进行格式设置。

常用的字符格式大部分都可以用“开始”选项卡“字体”组中的按钮来设置。一般情况下，“字体”组中的格式按钮足够用了。如果想要设置更加完美的字符格式，可以使用“字体”对话框进行设置，如图 4-25 所示。几乎所有有关字符格式的设置，都可以在这个对话框中进行。

图 4-25　字体格式的设置

1．字体、字号和字形

在“字体”对话框的“字体”选项卡中，上面是“字体”“字形”“字号”，中间是“字体颜色”“下划线线型”“下划线颜色”“着重号”，下面是修饰效果。在选项卡最下面的“预览”框中，可以看到所设置的字符格式的真实效果。

通常，字符格式设置中最常用的是字体和字号。首先，关于字体设置：用户可以在对话框上分别设置中文字体和英文字体。中文字体包括宋体、黑体、楷体、隶书和仿宋体等，英文字体包括“Times New Roman”等。在 Word 2016 中，中文的默认字体为“等线”，英文的默认字体是“Times New Roman”。Word 2016 将中文字号从大到小分为 16 级，最大字号为“初号”，最小字号为“八号”，而英文字号则是以“磅值”为单位，与中文字号相反，磅值越大，字就越大，反之就越小。除了可以在字号框中选择列表中已列出的字号，用户也可以在字号框中直接输入一个数字来确定字体大小，这个数字的单位为“磅值”，“磅值”的取值范围为 1～1638。

对于字形、字体颜色、下划线、着重号、修饰效果的设置，操作都非常简单直观，在相应的选择框中分别进行设置就可以了。

2．字符的间距和动态效果

“字体”对话框中的“高级”选项卡（见图 4-26），主要用于设置字符的缩放率、间距、位置，以及显示时的动态效果。

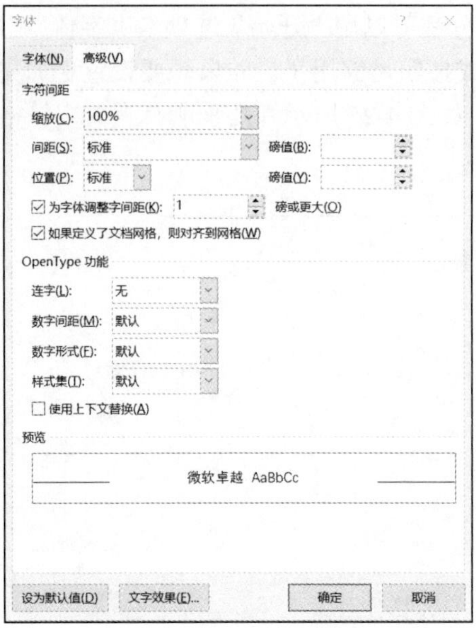

图 4-26　字符间距的设置

"字符间距"部分的"缩放"框用于改变字符的宽度，用百分率表示。正常字符的缩放率是 100%。当缩放率大于 100% 时，表示字符的宽度比正常字符宽；而当缩放率小于 100% 时，则表示字符的宽度比正常的字符窄。

"字符间距"部分的"间距"框用于改变字符之间的距离。默认的间距是"标准"，若要加大字符间距，应先选择"加宽"选项，再在右边的"磅值"文本框中输入一个适当的数值。若要缩小字符间距，应先选择"紧缩"选项，再在右边的"磅值"文本框中输入一个适当的数值。

"字符间距"部分的"位置"框用于改变字符在行中的上下位置。默认的位置是"标准"，若要提升字符的位置选"提升"，若要降低字符的位置选"降低"。字符位置的具体高度，由右边的"磅值"决定。

4.4.2　设置段落格式

段落格式是对整个段落进行某种格式的编排，例如段落与页面边界的距离（即段落缩进方式）、段落第一行是否与其他各行一致，行对齐方式、段落前后间距、段中各行的距离等。

设置段落格式时，应当先选择段落。如果没有选择段落，则段落格式的设置将应用于插入点所在的段落。如果要对若干段落设置相同的格式，就必须先选择这些段落，再进行段落格式的设置。

1．段落标记

在 Word 中，用段落标记来区分不同的段落。每个段落结束时，按下"Enter"键，"Enter"键实际上就是段落的结束标记，它表示一个段落的结束，其后的内容将属于另外一个段落。删除段落标记，就会把其前后的两个段落合并成一个段落。合并后的段落采用前一个段落的格式。段落标记用符号 ↵ 表示。在常用工具栏上有一个"显示/隐藏编辑标记按钮 ↵"，单击这个按钮，可以在文档中每个段落的结尾处看到段落标记↵。

2．对齐方式

对齐方式是最基本的段落格式之一。有左对齐、右对齐、居中对齐、两端对齐和分散对齐 5 种。

左对齐：段落的左边缘与左边距对齐，而右边缘则根据文本内容的长度自动调整，以确保文本从左侧开始，向右延伸至右侧边距。这种对齐方式不仅使文本看起来整齐，而且有助于阅读，符合大多数人的阅读习惯。在 Word 2016 中，这种对齐方式是最常见的。

右对齐：段落中的右边缘与右边距对齐，而左边缘根据文本内容的长度自动调整，常用在单行的段落中，如落款行。

居中对齐：行中文字的两端到页面打印区左右边界的距离相同，这样可使文字始终位于各行的中间。居中对齐常用于单行，如文章的标题行。

两端对齐：段落中各行的左边和右边都对齐。因此当一行中的文字较少时，对齐将使其中的文字间距均匀拉开，占满一行。

分散对齐：多用于表格中的单元格，可使单元格中的文字均匀分布。

设置对齐方式可以用格式工具栏上的一组对齐按钮，这组按钮从左到右依次为左对齐按钮、居中对齐按钮、右对齐按钮、两端对齐按钮、分散对齐按钮，如图 4-27 所示。

图 4-27　对齐按钮

在"开始"选项卡的"段落"组中，也可以设置对齐方式。在"段落"对话框的"缩进和间距"选项卡中，有"对齐方式"下拉列表框，用户可以进行选择，如图 4-28 所示。

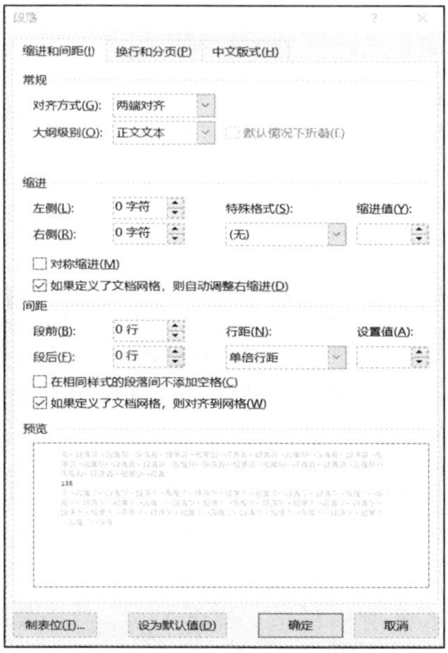

图 4-28　对齐方式的设置

3．缩进和间距

段落的缩进，是指段落中各行文字的两端到页面打印区域的边界的距离。段落缩进包括左缩进、右缩进、首行缩进和悬挂缩进。

左（右）缩进用于设置段落的左（右）端距左（右）边界的距离。对于普通的中文文章，常见到段落的第一行向内缩进两个汉字的距离，这时就可应用首行缩进。

悬挂缩进是另外一种段落缩进格式，悬挂缩进设置的是除首行外，段落其余各行文字左端到窗口显示区域的左边界的距离。

通常使用"段落"对话框中的菜单命令下拉列表框设置缩进格式，如图 4-29 所示。

图 4-29　缩进格式的设置

4．段落的行距

段落的行距是指段落中行与行之间的距离，一般采用"单倍行距"，即标准的行距。当然也可以设置为 1.5 倍行距、2 倍行距、最小值、固定值、多倍行距等。

若想设置所选段落与上一段之间的距离，可以进行段前间距的设置，若想设置所选段落与下一段之间的距离，可以进行段后间距的设置。

行距和段前、段后的间距都可以在"段落"对话框中进行设置。

4.4.3　特殊排版方式

用户可以使用 Word 2016 的突出显示、首字下沉、分栏等特殊排版功能，以达到重点突出、引人注意的目的。

1．突出显示

用"突出显示"工具标记重要文本，操作步骤如下。

① 在"开始"选项卡中，单击"字体"组中的"突出显示"按钮 。

② 选择要突出显示的文本或图形，这时，这些文本或图形将被突出显示。

③ 突出显示内容后，再次单击"突出显示"按钮完成操作。

2．首字下沉

首字下沉效果指的是使段落的首个字母或者首个词下沉到其后几行文本的下方，这个首字通常会被放大并采用不同的字体或颜色。首字下沉包括"下沉"与"悬挂"两种效果："下沉"是将某段的第一个字符放大并下沉，字符置于页边距内；而"悬挂"是字符下沉后将其置于页边距之外。设置首字下沉后，可以进一步设置下沉行数，以增强视觉效果和阅读体验。

要设置首字下沉，可以在"插入"选项卡"文本"组中单击"首字下沉"按钮。这个按钮也可以用于取消已经设置的首字下沉格式。执行命令时，可以选择下沉的方式、下沉字符字体、下沉行数及与正文的距离等，如图 4-30 所示。

3．分栏

分栏可以使用"布局"选项卡的"页面设置"组中的分栏按钮 。弹出的"分栏"对话框的上部，列出了 5 种分栏的样式：一栏、两栏、三栏、偏左和偏右。分栏时，可以直接从中选择任意一种。若要进一步设置栏数、栏宽及间距等，则需单击"更多分栏"按钮打开分栏对话框，如图 4-31 所示。

图 4-30　首字下沉的设置

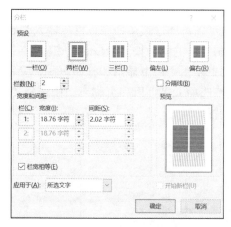

图 4-31　"分栏"对话框

4．边框和底纹

在 Word 2016 中，用户既可以为某些字符设置边框和底纹，也可以为某个段落设置边框和底纹，还可以为整个页面设置边框和底纹。

设置边框和底纹，首先要选择内容，可以是字符、段落或者表格等。单击"开始"选项卡中的"段落"组，再选择"边框"选项，打开"边框和底纹"对话框，如图 4-32 所示。

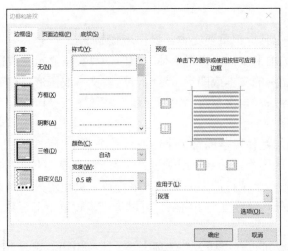

图 4-32 "边框和底纹"对话框

4.4.4 设置页码

Word 2016 是自动进行分页的。当文字内容超过一页时，会自动转到下一页。如果希望文字内容不足一页时，就转到下一页，需要人工插入一个强制分页符。插入分页符的操作方法：将光标置于需要换页的位置，在"布局"选项卡的"页面设置"组中选择"分隔符"选项，打开"分隔符"对话框，在其中选择"分页符"选项，如图 4-33 所示。然后单击"确定"按钮。

也可以不通过菜单命令，直接输入强制分页符：将光标置于需要分页的位置，然后按住"Ctrl"键的同时按下"Enter"键。

如果要在文档中显示和打印页码，应先插入页码。插入页码的操作很简单，只需要在"插入"选项卡"页眉和页脚"组中选择"页码"选项，在弹出的"页码"下拉框中选择页码放置的位置，如图 4-34 所示。

图 4-33 插入分页符

图 4-34 插入页码

在"页码"下拉框中有一个"设置页码格式"选项，选择该选项将弹出"页码格式"对话框，在其中可以设置页码的格式。设置完成，Word 2016 将按照设置的页码格式，自动在每一页的指定位置插入正确的页码。

4.4.5 设置页眉和页脚

使用"插入"选项卡"页眉和页脚"组中的"页码"选项插入的页码，通常位于页脚处。

"页眉"是指每一页正文内容上方的区域，有些页眉中有文章标题、作者姓名等信息，有些页眉中还有章节号等，页码也可以放在页眉上。

"页脚"是指每一页正文下方的区域，页码通常放在页脚中。

要编辑页眉和页脚，可以从"插入"选项卡中选择"页眉和页脚"组，如图 4-35 所示。

图 4-35 页眉和页脚的设置

4.4.6 页面设置

"布局"选项卡中的"页面设置"组用于完成大部分页面设置工作。弹出的"页面设置"对话框中有 4 个选项卡，分别是"页边距""纸张""版式""文档网格"选项卡，如图 4-36 所示。

图 4-36 "页面设置"对话框

4.4.7 样式与多级列表

样式就是格式的集合。"格式"往往指单一的格式，例如，"字体"格式、"字号"

格式等。每次设置格式时，都需要选择特定的属性。如果文字的格式比较复杂，就需要多次进行不同的格式设置。而样式作为格式的集合，它几乎可以包含所有的格式，设置时只需要选择某个样式，就能把其中包含的各种格式一次性设置到文字和段落上。

样式的设置较简单，将字体和段落的各种格式设计好后，为样式定义一个名字，就可以保存样式。Word 2016 有一套默认的样式，如果没有特别规定，使用预设样式就可以了，但是一般长文档都有特殊的格式规定，预设样式可能不能满足需求，这时就必须修改预设样式。

1．样式

（1）修改样式

使用预设样式后，文档内容的格式可能不能完全符合实际需要。如果要求设定一级标题为黑体、四号、加粗、前后间距为 0.5 行单倍行距，预设的"标题 1"样式肯定无法完全满足需求，这时就需要修改样式。

无论是内置样式，还是自定义样式，用户都可以随时对其进行修改。修改样式的步骤如下。

① 在"开始"选项卡的"样式"组中单击"样式"按钮，打开"样式"对话框，如图 4-37 所示。

图 4-37　"样式"的设置

② 在打开的"样式"对话框中在准备修改的样式上单击鼠标右键，在打开的快捷菜单中选择"修改"命令。

③ 打开"修改样式"对话框，用户可以在该对话框中重新设置样式格式。

"正文"样式是默认应用于文档主体内容的基本样式，它定义了文本的字体、字号、行距、段落间距、对齐方式等基本格式。新建的文档中的文字通常都采用"正文"样式。很多其他样式都是在"正文"样式的基础上经过格式改变设置的，因此"正文"样式是Word 2016 中最基础的样式，不要轻易修改它，一旦它被改变，将会影响所有基于"正文"样式的其他样式的格式。

对于 4.3.1 小节编排的文章，需要设置"正文"样式的首行缩进为两个字符，那么，就必须先修改"正文",再修改其他样式,否则正文所做的修改将会影响到其他样式,导致之前的更改无效。

"标题 1"～"标题 9"为标题样式,它们通常用于各级标题段落,与其他样式最为不同的是标题样式具有级别,分别对应级别 1～9。这样,就能够通过级别得到文档结构图、大纲和目录。

本篇文章中可能用到的样式如下。

① 正义样式:在原样式基础上,首行缩进两个字符,必须首先修改。

② 标题样式:需要三级标题,因此必须规定好"标题 1""标题 2""标题 3"这 3 个标题的样式。

③ 注释标题样式:文章中的图表和说明文字,采用注释标题样式。

(2)样式的使用

① 认识大纲级别。大部分用户很少用到"段落"中的"大纲级别",但是,无论是生成文档结构图还是生成目录,都必须了解这个功能。以这篇文章的第一个"一级标题"(即"一、呼吸系统疾病")为例,选择"一、呼吸系统疾病"行,然后单击鼠标右键,在弹出的快捷菜单中选择"字体"选项,设置字体为黑体、字号为四号、加粗。在弹出的快捷菜单中选择"段落"选项,设置前后间距为 0.5 行、单倍行距。最重要的是,在"大纲级别"处将"正文文本"改为"1 级"。这样,"一、呼吸系统疾病"行就成为一级标题,如图 4-38 所示。文档后面同级别的文本可以用格式刷复制相同的格式,而"1. 急性上呼吸道感染"行在设置字体和行距后,在"大纲级别"将"正文文本"改为"2 级",就出现了二级标题。其他二级标题也可以使用格式刷复制格式,最好双击格式刷,一次性将所有二级标题格式化。三级标题也是如此,一般情况下,三级标题已经足够用。

图 4-38 文档结构图

② 应用有效样式。输入文章第一部分的标题,注意保持光标位于当前标题所在的段落中。切换到"开始"选项卡,在"样式"组中选择"标题 1"样式,即可快速设置此标题的格式。

用同样的方法，即可一边输入文字，一边设置该部分文字所用的样式。如果没有定义正文的样式，可以选择"所有样式"，为文字和段落设置正文首行缩进 2 和注释标题样式。

2. 多级列表

在编排长文档的过程中，很多时候需要插入多级列表编号，以更清晰地标识段落之间的层次关系。多级列表是指文档中编号或项目符号列表的嵌套，以实现层次化效果。在文档中可以插入多级列表，操作步骤如下。

（1）创建多级列表

方法一如下。

① 打开文档窗口，在"开始"选项卡的"段落"组中单击"多级列表"按钮。

② 在打开的"多级列表"对话框中选择一种符合实际需要的多级列表编号格式。

③ 在第一个编号后面输入内容，按"Enter"键自动生成第二个编号（注意不是第二级编号），接着输入内容。完成所有内容的输入后，选中需要更改级别的段落，并再次单击"多级列表"按钮。

④ 在打开的"多级列表"对话框中选择"更改列表级别"选项，并在下一级菜单中选择需要设置的列表级别。

⑤ 返回文档窗口，即可以看到创建的多级列表。

方法二如下。

① 打开文档窗口，在"开始"选项卡的"段落"组中单击"多级列表"按钮。

② 在打开的"多级列表"对话框中选择一种符合实际需要的多级列表编号格式。

③ 在第一个编号后面输入内容，按"Enter"键自动生成第二个编号，先不要输入内容，而是按"Tab"键，自动开始下一级列表编号。

（2）定义新的多级列表

① 打开文档页面，在"开始"选项卡的"段落"组中单击"多级列表"按钮。

② 在打开的"多级列表"对话框中选择"定义新的列表样式"选项。

③ 在打开的"定义新的列表样式"对话框中根据需求进行设置和勾选。

4.4.8 题注与交叉引用

在长文档的编排中通常需要进行脚注、尾注、书签、题注、交叉引用、超链接等操作。这里重点介绍题注、交叉引用的操作方法。

1. 题注的操作

题注就是给图片、表格、图表、公式等项目添加的名称和编号。例如，在图片下面输入图编号和图标题，就能方便读者查找和阅读。

使用题注可以保证长文档中图片、表格或图表等项目能够按顺序自动编号。如果移动、插入或删除带有题注的项目，Word 可以自动更新题注的编号。一旦某个项目带有题注，还可以对其进行交叉引用。

【例】添加表格题注。

在文档窗口中，选中准备插入题注的表格。在"引用"选项卡的"题注"组中单击"插入题注"按钮。

打开"题注"对话框，在"题注"编辑框中会自动出现"表格 1"字样，可在其后输入被选中表格的名称，然后单击"编号"按钮，打开"题注编号"对话框。

在打开的"题注编号"对话框中，单击"格式"下拉按钮，选择合适的编号格式。如果选中"包含章节号"复选框，则编号中会包含章节号。设置完毕单击"确定"按钮。

返回"题注"对话框，如果选中"题注中不包含标签"复选框，则表格题注中将不显示"表格"字样，而只显示编号和用户输入的表格名称。单击"位置"下拉按钮，在位置列表中可以选择"所选项目上方"或"所选项目下方"。设置完毕单击"确定"按钮。

在长文档中，表格和图片较多，在编排时，只要所有图片或表格都使用题注的方式进行标识，那么新插入的图片或表格题注中的编号都会自动更新。也就是说，如果在"图 10"前面插入了一张图片，那么原来的"图 10"就会自动变为"图 11"，后续的图片编号也会自动更新。

2. 交叉引用的操作

交叉引用就是在文档的一个位置引用文档另一个位置的内容，类似于超级链接，只不过交叉引用一般是在同一篇文档中互相引用。如果两篇文档是同一篇主控文档的子文档，用户一样可以在一篇文档中引用另一篇文档的内容。

交叉引用常常用于需要互相引用内容的地方，如"有关××××的使用方法，请参阅第×节"或"有关××××的详细内容，参见××××"等。交叉引用可以使读者迅速找到想要找的内容，也能使整个文档的结构更有条理，更加紧凑。处理长文档时，如果想靠人工处理交叉引用的内容，不仅需要花费大量的时间，还容易出错。使用 Word 2016 的交叉引用功能，可以自动确定引用的页码、编号等内容。如果以超级链接形式插入交叉引用，则读者在阅读文档时，单击交叉引用可以直接查看所引用的项目。

（1）创建交叉引用

创建交叉引用的方法如下。

① 在文档中输入交叉引用开头的介绍文字，如"有关××××的详细内容，参见××××"。

② 在"引用类型"下拉列表框中选择需要的项目类型，如编号项。如果文档中存在该项目类型的项目，那么它会出现在下面的列表框中供用户选择；在"引用内容"列表框中选择相应要插入的信息，如"段落编号（无内容）"等；在"引用哪一个编号项"下面选择合适的项目。

③ 要想使读者直接跳转到引用的项目，选择"以超级链接形式插入"复选框，否则，将直接插入选中项目的内容。

④ 单击"插入"按钮即可添加一个交叉引用。如果还要插入别的交叉引用，可以不关闭该对话框，直接在文档中选择新的插入点，然后选择相应的引用类型和项目后单击"插入"按钮。

（2）修改交叉引用

创建交叉引用后，有时需要修改其内容，例如，将"参考 6.2 节的内容"改为"参考 6.3 节的内容"。具体方法如下。

① 选择文档中的交叉引用（如 6.2 节），注意不要选择介绍性的文字（如有关×××的详细内容，请参看×××）。

② 切换到"插入"选项卡，单击"链接"组中的"交叉引用"按钮，打开"交叉引用"对话框。

③ 在"引用内容"框中选择要新引用的项目。

④ 单击"插入"按钮。

如果要修改说明性的文字，在文档中直接修改即可，这并不会对交叉引用造成什么影响。

（3）利用交叉引用在页眉或页脚中插入标题

在页眉和页脚中插入章节号和标题是一种常用的排版格式，根据章节号和标题可以迅速找到需要的内容。Word 2016 可以利用交叉引用，在页眉和页脚中插入章节号和标题，这样可以节省用户的工作量，并能使文档的内容与页面或页脚的内容保持一致。具体操作方法如下。

① 切换到"页眉和页脚"编辑状态，将光标定位在"页眉"或"页脚"编辑区。

② 切换到"插入"选项卡，单击"链接"组中的"交叉引用"按钮，打开"交叉引用"对话框。

③ 在"引用类型"框的下拉列表框中，选择"标题"选项；在"引用内容"下拉列表框中，选择"标题文字"选项；在"引用哪一个标题"下面，选择要引用的标题。

④ 单击"插入"按钮，即可将章节号和标题插入页眉和页脚。

如果后续对文档的章节号或标题作了修改，Word 2016 在打印时会自动更新页眉和页脚，而不必人工修改页眉或页脚的章节号。如果想要手动更新页眉或页脚，可以选择该页眉或页脚，然后单击鼠标右键，在弹出的快捷菜单中选择"更新域"，也可以按"F9"键来更新域。

4.4.9　浏览与定位

1．文档结构图

长篇文档篇幅长，要想迅速定位文档位置、设定"样式和格式"，或者生成目录，需要了解"文档结构图"。

切换到"视图"选项卡，在"显示"组中勾选"导航窗格"选项。打开"导航"窗格，其中有"搜索文档"文本框及"标题""页面""结果"3 个按钮。单击"标题"按钮，文档导航方式将切换到"文档标题导航"，对文档进行智能分析，并在"导航"窗格中列出文档标题。如图 4-39 所示，只要单击标题，就会自动定位到相关段落。

一般而言，在没有任何设置的情况下，文档结构图将显示为空白。若文档结构图中有内容，单击其内容即可定位到所在段落，选择对应段落后单击鼠标右键，在弹出的快捷菜单中可以选择相应命令以调整标题级别。

文档结构图简单明了地显示出各级标题和大纲级别，它是设定样式和格式的基础。文档结构图是不可以编辑的，它是根据各级标题的设定生成的，其中，二级标题会在一级标题后缩进一个字符，而三级标题会在二级标题后缩进两个字符，从中可以一目了然地看出标题行的内容是否正确，而文档结构图也是生成目录的基础。

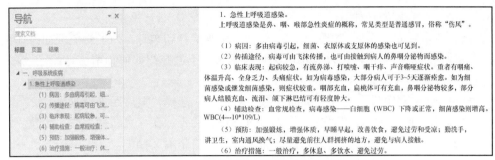

图 4-39 导航窗格中的标题按钮的定位功能显示

2．拆分窗口

当需要在一篇很长的文档的两个位置来回进行操作时，翻页查看很不方便。这时可以使用"拆分窗口"功能，将文档的整个窗口拆分为两个，也可以对窗口进行最大化和还原窗口的操作。操作步骤如下。

切换到"视图"选项卡，单击"窗口"组中的"拆分"按钮，此时窗口中间出现一条横穿工作区的灰色粗线，直接移动鼠标（不要按键），可以移动其位置，将之拖动到合适位置后单击鼠标左键，原窗口即被拆分成两个。

取消拆分有以下两种方法。

方法一：选择"窗口"菜单中的"取消拆分"。

方法二：在拆分条上双击。

3．快速定位

在长文档中快速定位的方法主要有以下 4 种。

方法一：利用"查找和替换"对话框。切换到"开始"选项卡，单击"编辑"组中的"替换"按钮，在打开的"查找和替换"对话框中切换到"定位"选项卡，根据需要选择和输入即可。

方法二：利用"垂直滚动条"上的按钮快速定位。

方法三：利用键盘上的翻页键"PageUp"和"PageDown"或方向键。

方法四：利用"书签"功能定位。

4.4.10 生成目录

生成全文的文档结构图并且检查无误后，就可以生成目录了。

1．生成目录

将光标定位于第二页的目录位置，切换到"引用"选项卡的"目录"组，单击"目录"下拉按钮，选择"插入目录"，打开"目录"对话框。设置完成后，单击"确定"按钮，目录就做好了。如果不需要缩进和加粗，直接把目录当成普通的文字编辑就可以了。

2．生成目录的作用

生成目录的好处，在于即使更改了文档部分内容和页码，只要在目录上的任意位置单击鼠标右键，选择"更新域"命令，就会弹出"更新目录"对话框。如果只是页码发生改变，可选择"只更新页码"；如果有标题、内容的修改或增减，可选择"更新整个目录"。

另外，目录还有链接的功能。

至此，基本完成一篇长文档的格式编辑。如果需要打印装订，为了避免双面打印的较厚文档在装订时遮挡文字，可以预留出装订线区域。下面介绍如何预留装订线区域。

具体操作步骤如下。

打开 Word 文档窗口，进入"页面设置"对话框，选择"页边距"选项卡。

在"页码范围"中，设置"多页"为"对称页边距"；在"页边距"中，设置"装订线"为"2 厘米"；在"预览"中设置"应用于"为"整篇文档"。

4.5　图片排版

4.5.1　插入图片

在文档中要插入图片，利用"插入"选项卡中的"插图"组，选择"图片""联机图片""形状""SmartArt""图表""屏幕截图"中的一项，即可插入需要的图片，如图 4-40 所示。

图 4-40　插入图片

4.5.2　设置图片格式

插入一张图片后，主菜单栏会自动出现图片工具"格式"菜单项，在此功能区中可以对图片的样式、大小、环绕文字方式、艺术效果等进行设置，如图 4-41 所示。

图 4-41　图片工具"格式"功能区

4.5.3　插入艺术字

在"插入"选项卡"文本"组中单击艺术字 A 按钮，弹出"艺术字"窗口，如图 4-42 所示。

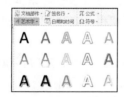

图 4-42　"艺术字"窗口

从中选择一种样式后，单击"确定"按钮，主菜单栏会自动出现绘图工具"格式"菜单项，在此菜单项中可以对艺术字进行编辑，如图 4-43 所示。

图 4-43　设置艺术字

如果要修改已插入的艺术字，双击该艺术字。在弹出的"艺术字"工具栏上，利用相应的各种编辑按钮，就可以对艺术字进行编辑。

4.5.4　绘制图形

在 Word 2016 中可以直接绘制图形。在"插入"选项卡"插图"组中单击"形状"下拉按钮，如图 4-44 所示，可以在其中绘制各种图形。

图 4-44　形状工具栏

4.6　表格的创建与编辑

在实际应用中，经常需要将一些信息用表格和图表来表示，从而达到简明、清晰、直观的效果。

Word 2016 提供了强有力的表格处理功能。

4.6.1　创建表格

在文档中创建表格通常有两种途径：插入表格、绘制表格。

1．插入表格

要在指定位置插入表格，通常使用菜单命令：在"插入"选项卡中单击"表格"下拉按钮，如图 4-45 所示；打开"插入表格"对话框，如图 4-46 所示。设定好需要插入表格的行数和列数，单击"确定"按钮。

图 4-45　插入表格　　　　　　　　图 4-46　"插入表格"对话框

2．绘制表格

在"插入"选项卡"表格"组中选择"表格"选项，打开"绘制表格"对话框，用画笔画一个任意表格。主菜单栏中自动出现表格工具，包括"设计"和"布局"两个选项卡，在这两个选项卡中可以对表格进行编辑，如图 4-47 所示。

图 4-47　表格工具栏

4.6.2　合并和拆分表格

拆分表格可以创建更具灵活性的表格布局。表格的拆分有拆分单元格和拆分表格两种操作。

1．拆分单元格

单击要拆分的单元格，选择"表格工具"—"布局"选项卡，将弹出图 4-48 所示的"拆分单元格"对话框。

2．拆分表格

将图 4-49 中左图所示的表格从第 2 行往下拆分为两个表格，可单击第 2 行的任意单元格，选择"表格工具"中的"拆分表格"菜单项，效果如图 4-49 右图所示。

图 4-48　拆分单元格

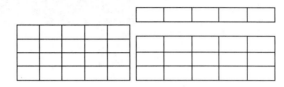

图 4-49　拆分表格

3．表格的合并

和表格的拆分一样，表格的合并也分为合并单元格和合并表格两种。由于表格的合并和表格的拆分操作相似，这里就不再重复介绍。

4.6.3　设置表格

对插入的表格，用户可以通过两种方式对表格的属性进行设置。第一种是利用主菜单栏"表格工具"下的"设计"与"布局"选项卡中的命令进行设置。第二种是选择需要进行设置的表格，单击鼠标右键，在弹出的快捷菜单中选择"表格属性"选项，在弹出的"表格属性"对话框中进行设置，如图 4-50 所示。在该对话框中可以对表格的行高、列宽、表格对齐方式及表格的大小进行设置。

图 4-50　"表格属性"对话框

4.6.4　表格中的文本排版

在 Word 2016 中，设置表格内文字的对齐方式，可以更改文本在表格的单元格中的显示位置，使数据更加直观。同时，可以对表格中的文字方向进行横向、纵向设置。选择需要排版的单元格，在"表格工具"的"布局"选项卡中，选择对齐方式选项按钮组中用户需要的对齐方式及文字方向即可完成设置，如图 4-51 所示。

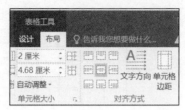

图 4-51　单元格对齐方式的设置

4.6.5　格式化表格

Word 允许对表格的格式进行设置，这里主要介绍表格样式、边框和底纹的设置。Word 2016 内置了 105 种预设的表格样式，这些样式包括边框、底纹、字体、颜色等元素，还提供了"标题栏""第一列""汇总行""最后一列""镶边行""镶边列"6 个表格样式选项的复选框。用户可以根据表格设置需求，选择任意表格样式以快速进行表格格式设置。在"表格工具"的"设计"选项卡可以找到表格样式功能。如果要自定义边框和底纹，有两种操作方式。第一种：选中要设置的表格，在"表格工具"的"设计"选项卡中，单击"边框"的右下角按钮，在弹出的"边框和底纹"对话框中可以对表格的边框和底纹进行设置，如图 4-52 所示。第二种：直接选择"设计"选项卡的边框、底纹选项按钮进行相应的设置。

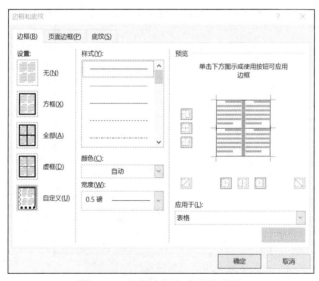

图 4-52　表格边框和底纹的设置

4.6.6　排序和数值计算

在 Word 2016 中，可以对表格中的内容进行排序。单击"表格工具"的"布局"选项卡中的"排序"按钮，打开"排序"对话框，如图 4-53 所示。在"主要关键字"下拉列表框中选择排序所需依据的数据列。如果排序所需依据的数据列有两个或三个，可以在下面的"次要关键字"和"第三关键字"下拉列表框中继续选择。在"类型"框中可以选择排序所依据的方式。

图 4-53　"排序"对话框

在 Word 2016 中，还可以利用公式对表格中的数据进行计算。公式通常是一个以等号"="开始的运算式，其中可以包括函数、数学表达式等。选择一个准备放置计算结果的单元格，然后在"表格工具"的"布局"选项卡中，选择数据中的"f_x 公式"命令，如图 4-54 所示，将弹出"公式"对话框，如图 4-55 所示，在此处进行公式的相关设置即可。

图 4-54　选择"f_x 公式"命令

图 4-55　"公式"对话框

4.6.7　文本与表格的相互转换

如果有关表格的内容已经以列表形式录入文档，而且列表中各列之间的分隔是用制表位（或逗号、空格等）进行分隔的，则可以将该列表很方便地转换成表格。

要将文本转换成表格，只需将需要转换成表格的文本选中，在"插入"选项卡的"表格"组中选择"文本转换成表格"选项，打开"将文字转换成表格"对话框进行转换，如图 4-56 所示。

在 Word 2016 中，不仅可以将文本转换成表格，也可以将表格转换成文本。将表格转换成文本时，首先选择要转换的表格，再从"表格"菜单中选择"转换"命令中的"表格转换成文本…"选项，在弹出的对话框上选择一种分隔符，单击"确定"按钮，则选择的表格就会转换成文本。

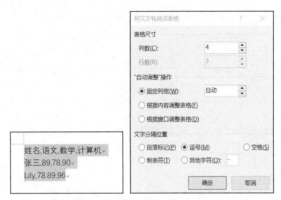

图 4-56　将文字转换成表格

思考与练习

一、判断题

1．在用 Word 2016 编辑文本时，若要删除文本区中某段文本的内容，可先选取该段文本，再按"Delete"键。（　　）

2．用 Word 2016 制作的表格大小受限制，一般表格的大小不能超过一页。（　　）

3．在 Word 2016 中编辑文稿，要产生文字环绕图片的效果，只能在文本框中进行。（　　）

4．在 Word 2016 中，使用"查找"命令查找的内容，可以是文本和格式，也可以是它们的任意组合。（　　）

5．删除选择的文本内容时，"Delete"键和"Backspace"键的功能相同。（　　）

6．为了使用户在编排文档版面格式时节省时间和减少工作量，Word 2016 提供了许多"模板"，所谓"模板"就是文章、图形和格式编排的框架或样板。（　　）

7．在 Word 2016 中，给表格加上实线，只能通过"格式"菜单中的"边框与底纹"进行。（　　）

8．要在每一页中放置相同的水印，必须放在页眉和页脚中。（　　）

9．Word 2016 文档可以保存为"纯文本"类型。（　　）

10．在 Word 2016 中隐藏的文字，仍然可以显示，但打印时不输出。（　　）

二、选择题

1．Word 2016 中字形和字体、字号的默认值分别是（　　）。

A．常规型、宋体、4 号　　　　　　　B．常规型、宋体、5 号

C．常规型、宋体、6 号　　　　　　　D．常规型、等线、5 号

2．Word 2016 允许用户选择不同的文档显示方式，如"页面""大纲""阅读""Web 版式"视图，处理图形对象应在（　　）视图中进行。

A．"阅读"　　　　　　　　　　　　B．"页面"

C．"大纲"　　　　　　　　　　　　D．"Web 版式"

3．在 Word 2016 中，如果要把整个文档选择，需要首先将光标移动到文档左侧的选择栏，然后（　　　）。

　　A．双击鼠标左键　　　　　　　B．连续单击 3 下鼠标左键

　　C．单击鼠标左键　　　　　　　D．双击鼠标右键

4．在 Word 2016 中，要一次更正多处同样的错误，正确的方法是（　　）。

　　A．用插入光标逐字查找，先删除错误文字，再输入正确文字

　　B．使用"编辑"菜单中的"替换"命令

　　C．使用"撤销"与"恢复"命令

　　D．使用"定位"命令

5．在 Word 2016 中编辑文档时，如果希望在"查找"对话框的"查找内容"文本框中只进行一次输入便能依次查找分散在文档中的"第 1 名""第 2 名"……"第 9 名"，那么在"查找内容"文本框中用户应输入（　　）。

　　A．第 1 名、第 2 名……第 9 名

　　B．第？名，同时选择"全字匹配"

　　C．第？名，同时选择"使用通配符"

　　D．第？名

第 5 章

电子表格处理软件 Excel 2016

【知识目标】

① 掌握 Excel 2016 工作簿、工作表及单元格的基本操作方法。

② 理解 Excel 2016 函数和公式的运用技巧。

③ 掌握数据清单的创建、排序、筛选及汇总操作方法。

④ 了解 Excel 2016 数据透视图的操作和财务报表分析方法。

⑤ 认识 Excel 2016 的窗口组成和文件类型，掌握数据的输入与编辑技巧。

【技能目标】

① 能根据项目任务和要求，使用 Excel 2016 进行财务数据的计算和处理。

② 具备使用 Excel 2016 解决实际问题的能力。

③ 掌握 Excel 2016 高级功能，如数据透视表、图表的创建和编辑。

④ 能够运用 Excel 2016 进行数据分析和处理，包括动态统计分析和图形化展示。

⑤ 熟练使 Excel 2016 进行自动化报表制作和宏的应用。

【素质目标】

① 培养学生的创新意识和科学态度，以及严谨求实的工作作风。

② 强化爱岗敬业的职业素养，培养良好的心理素质和社会责任感。

③ 具有团队精神和协作精神，能够在实践中自觉遵守法律法规和职业规范。

④ 提升专业技能，同时注重品德修养和职业道德。

5.1 Excel 2016 的工作环境与基本概念

本节主要介绍 Excel 2016 的新特点、工作簿文件操作、数据的基本操作、行列单元格的基本操作和工作表的基本操作。

5.1.1 Excel 2016 的新特点

Excel 2016 具有强大的运算与分析能力。从 Excel 2007 开始，改进的功能区使操作更直观、更快捷，实现了质的飞跃。不过要进一步提升效率、实现自动化，单靠功能区的菜单功能是远远不够的。Excel 2016 提供了 SQL 语句，用户可灵活地对数据进行整理、计算、汇总、查询、分析，从而提高办公效率。

使用 Excel 2016，用户可以进行更多的方法分析、管理和共享信息，从而做出更好、更明智的决策。全新的分析和可视化工具可以帮助用户跟踪和突出显示重要的数据趋势。用户可以在移动办公时使用 Web 浏览器或智能手机访问重要数据，甚至可以将文件上传到网站并与其他人同时在线协作。

5.1.2　工作簿文件操作

启动 Excel 2016 后，选择"空白工作簿"，建立一个名为"工作簿 1"的文件。工作簿是用于存储和运算数据的文件，其后缀名为.xlsx。

1．Excel 2016 的工作界面

启动 Excel 2016 后，进入工作界面，如图 5-1 所示。

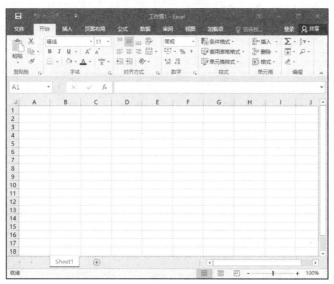

图 5-1　Excel 2016 的工作界面

Excel 2016 中的选项卡主要包括"文件""开始""插入""页面布局""公式""数据""审阅""视图"。各选项卡收录了相关的功能组，方便使用者切换、选用。使用"开始"选项卡可以进行基本的操作，例如字体、对齐方式的设置。

"公式"和"数据"选项卡是 Excel 2016 特有的功能，下面对涉及的名称进行简要介绍。

①"公式"选项卡：包含 4 个功能组，即函数库、定义的名称、公式审核和计算，如图 5-2 所示。

图 5-2　"公式"选项卡的功能组

②"数据"选项卡：包含 7 个功能组，即获取外部数据、获取和转换、连接、排序和筛选、数据工具、预测和分级显示，如图 5-3 所示。

图 5-3　"数据"选项卡的功能组

视窗的上半部分面板称为功能区，放置了编辑工作表时需要使用的工具按钮。开启 Excel 2016 时默认显示"开始"选项卡中的工具按钮。选择其他选项卡时，便会显示该选项卡所包含的按钮。如果我们想在工作表中插入 1 张图片，便可选择"插入"选项卡，再单击"插图"下拉列表中的"图片"按钮，即可选取要插入的图片，如图 5-4 所示。

图 5-4　"插入"选项卡的功能组

功能区下方是编辑栏，用于显示、编辑和修改单元格中的内容。编辑栏左侧是单元格名称框，用于定义或显示当前活动单元格或区域的地址或名称。当在单元格中输入或编辑内容时，编辑栏中会出现 ✕ ✔ 按钮，分别用于取消或确认单元格中的内容，这些按钮的功能相当于键盘上的"Esc"键和"Enter"键。

③ 行号和列标：每张工作表由横向的行和纵向的列组成。行号是位于各行左侧的数字，通常用阿拉伯数字表示，如 2、10、35；列标是位于各列上方的字母，用大写英文字母表示，如 A、C、AM、DX。

④ 单元格：工作表中行与列的交叉处是一个单元格，用于输入各种格式的文本、数字、公式等信息。默认的单元格名称由列标和行号表示，如 G5 指位于第 G 列第 5 行的单元格。由于一个工作簿包含多张工作表，为了区分不同工作表中的单元格，可在单元格地址前加工作表名，工作表名称与单元格地址间用"!"分隔。例如 Sheet2!A5 表示 Sheet2 工作表中的 A5 单元格。单击某个单元格时，其四周被粗边框包围，这个单元格称为当前活动单元格，意味着可以在其中输入或编辑内容。活动单元格边框的右下角有一个黑色小方块，称为填充柄，用于快速填充内容。

⑤ 工作表标签：工作表是使用 Excel 完成一项工作的基本单位，用于对数据进行组织和分析。工作表是通过工作表标签标识的，在水平滚动条左侧，用标有 Sheet1、Sheet2 和 Sheet3 名称的标签代表一张张工作表。在这些工作表标签中，呈白底色的工作表为当

前工作表，呈灰底色的为非活动工作表。若工作表标签没有全部显示出来，可用工作表滚动按钮进行操作：◄ ►用于显示第一个或最后一个工作表标签；◄ ►用于显示当前工作表的前一个或后一个工作表标签。

⑥分割条：分割条位于水平和垂直滚动条上。其中"工作表标签分割条"可用于改变水平滚动条和工作表标签区的长短；窗口的"水平分割条"和"垂直分割条"可将窗口分成上下或左右两部分，每部分都有滚动条，使窗口在上（左）半部分保持不动的情况下，滚动下（右）半部分，这种操作在查看大型表格时十分有用。

在 Excel 2016 工作窗口的任意位置单击鼠标右键，会出现相应的快捷菜单，菜单中的命令随单击对象的不同而不同，快捷菜单聚集了处理对象最常用的各种命令。

2．创建工作簿

一个工作簿就是一个文件，新建 Excel 工作簿的方法与新建文件类似。

① 启动 Excel 2016 时，系统会自动创建一个新的文件，即"工作簿 1"。

② 在已打开的 Excel 2016 窗口中，单击"快速访问工具栏"中的"新建"按钮 。

③ 在已打开的 Excel 2016 窗口中，按"Ctrl + N"快捷键。

④ 在已打开的 Excel 2016 窗口中，选择"文件"选项卡中的"新建"选项，可以从右侧选择"空白工作簿"完成创建。

利用模板生成电子表格，可以减少重复操作，提高工作效率。

3．保存工作簿

在工作表中输入一定内容后，要及时保存。单击"快速访问工具栏"中的"保存"按钮，或单击"文件"选项卡中的"保存"按钮。若是第一次执行保存操作，将弹出"另存为"对话框，需要选择保存类型，确定文件的保存位置，输入文件名，单击"保存"按钮。以后再选择"保存"命令时，Excel 2016 会按原位置、原名称覆盖原文件。

- 如果希望工作簿在之前的版本中也能打开，则需要在"保存类型"中选择"Excel 97-2003 工作簿"。
- Excel 默认将工作簿保存在"我的文档"文件夹中。
- Excel 默认的保存类型为"Excel 工作簿（*.xlsx）"。也可保存为"模板（*.xltx）"格式以便重复使用该表，这时文件的保存位置会自动变为"Templates"文件夹。
- 在"另存为"对话框中单击"工具"按钮，选择"常规选项"，打开图 5-5 所示的对话框，可对要保存的工作簿进行相应的设置。

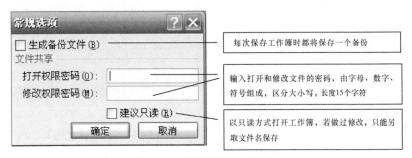

图 5-5　"常规选项"对话框

4．保护工作簿

使用 Excel 2016 可以对工作簿、工作表和单元格进行保护和隐藏，以防止他人对工作簿进行操作（例如，防止他人对单元格中的数据、公式等进行修改）。

使用 Excel 2016 可以从结构和窗口两方面对工作簿进行保护。

在工作簿的"审阅"选项卡中选择"更改"组，单击"保护工作簿"按钮，进入图 5-6 所示的对话框。"结构"单选框主要用于防止工作簿中的工作表被移动、重命名、隐藏/取消隐藏、删除；"窗口"单选框用于防止工作簿的窗口被移动、缩放、隐藏、关闭。经过保护，工作簿窗口标题栏上的控制按钮将消失。

图 5-6 "保护结构和窗口"对话框

5．关闭工作簿

关闭工作簿最常用的方法是单击工作簿文件标题栏上的"关闭"按钮，也可选择"文件"选项卡中的"退出"选项。

5.1.3 数据的基本操作

1．数据的输入

输入数据是建立工作表最基本的操作。只有输入数据，才可以对其进行计算以及分析等工作。在工作表中可以输入的数据类型包括数字、文本、时间和日期、公式和函数等。可以用以下两种方法在单元格中输入数据。

- 选择单元格，直接在其中输入数据，按"Enter"键确认。
- 选择单元格，在"编辑栏"中单击鼠标左键，向其中输入数据，单击编辑栏上的"√"按钮或按"Enter"键确认。

在 Excel 2016 中输入任何符号，必须在英文标点符号输入状态下。不同类型数据的输入方法和格式不同。

（1）数字的输入

在 Excel 2016 中输入的数字为常量，可参与计算。默认情况下，在单元格中输入的数字自动右对齐。

Excel 2016 中的数字包括 0～9，符号包括+、−、/、%、$、.、E 等。

若要输入分数，应采用"整数 分子/分母"的格式，真分数的整数部分用零代替，以免 Excel 2016 将输入的数字当日期对待。如输入二分之一时，要输入 0␣1/2，否则该分数会被认为是 1 月 2 日。

在单元格中输入的数字过长时，Excel 会将整数部分用科学记数法（一种采用指数形式的记数方法，由尾数部分、字母 E 及指数部分组成）表示、小数部分自动四舍五入后显示（数字为常规格式时）。例如，向单元格中输入 1236547494745，确定后该单元格中的数字变为 1.23655E+12。出现####符号字样（数字为数值格式）时可调整列宽。

（2）文本的输入

默认情况下，在单元格中输入的文本自动左对齐。Excel 2016 中的文本通常是指字符或任何字符与数字的组合，如 12-R、第 5 行、24A 等。

如果要将输入的数字（例如电话号码、身份证号码等）作为文本对待，而非数字数据，必须先向单元格中输入英文标点中的单引号（'），再输入数字。单元格左上角会自动出现一个绿色三角标记，选择该单元格时，旁边出现提示符号，提示该单元格中的内容为文本格式，并且可以从下拉按钮中选择操作命令。

单元格的文本太长会溢出到右单元格，若右单元格中也有内容，则会截断溢出部分，但该单元格中的实际内容仍存在。此时可选择该单元格，在编辑栏中浏览全部内容，也可以调整列宽来显示全部内容。

公式或函数中的文本需要用字符串定界符（即英文标点中的双引号）将文本括起来。例如要输入文本 0123，可在单元格中输入="0123"；公式=IF(D2>60,"通过","不通过")中的"通过"和"不通过"都是文本格式。

单元格中插入的"特殊符号"也被自动作为文本对待。

（3）日期和时间的输入

在 Excel 2016 中，日期和时间均按数字处理，故可用于计算。日期和时间的显示方式取决于所在单元格的数字格式。例如设置单元格格式，使日期的显示方式为 07/1/24或 2007-1-24。

Excel 默认使用斜线（/）或连字符（-）输入日期，用冒号（:）输入时间，并以 24小时制显示时间。例如：

输入 12/6/24 时，显示为 2012-6-24；

输入 6/24 时，显示为 6 月 24 日；

输入 12:30:45 时，显示为 12:30:45；

输入当天日期，可用"Ctrl +；"快捷键，输入当时的时间可用"Ctrl + Shift +："快捷键。

（4）公式和函数的输入

除了可以在单元格中输入数字、文本，还可以对某些数据进行数学运算，这就要求在单元格中输入公式或函数。详细内容将在后面的相关部分进行具体介绍。

（5）批量自动填充

在工作表中输入数据时，有时要在一行、一列或一个单元格区域内填充相同的数据，或填充一些序列数据，如月份、季度、星期等。为了快速完成这类数据的输入，可以用Excel 2016 提供的自动填充功能，即拖动活动单元格的填充柄或在"开始"选项卡的"编辑"组中选择"填充"选项进行操作。

① 相同数据的输入。

方法一：要在工作表的某个区域中输入相同的数据，先在区域第一个单元格中输入数据，用鼠标向下和向右拖曳其填充柄，到该区域的最后一个单元格，松开鼠标即可。

方法二：先选择要输入数据的单元格区域（可以连续或不连续），输入数据后，按"Ctrl + Enter"快捷键，即可在所有选择的单元格中快速输入相同数据。

② 序列数据的输入。

除了连续复制同样的数据外，Excel 2016 可扩展起始单元格中包含的序列数据（指有一定变化规律的数字或字段），如自然数、奇数、季度、星期、月份等。

要连续填充数字序列，先在区域的前两个单元格中分别输入数据，以确定变化的步长，然后选择这两个单元格，拖动填充柄到区域的最后一个单元格，释放鼠标，数据会按步长值依次填入单元格区域。

若要填充连续自然数或系统预定义的序列，在第一个单元格中输入第一个数据后，直接拖动填充柄到区域的最后一个单元格。例如，在某单元格中输入"星期一"，向下拖动该单元格的填充柄，即可自动填入"星期二""星期三""星期四""星期五""星期六""星期日"。

方法一：选择已输入序列起始值的单元格，用鼠标右键拖动其填充柄到区域的最后一个单元格，释放鼠标后，弹出图 5-7 所示的快捷菜单，从中选择要执行的命令，即可按要求填充序列。

方法二：用"序列"对话框填充。在第一个单元格中输入序列的初始值，选择填充区域，在"开始"选项卡的"编辑"组中单击"填充"按钮，执行下拉菜单中的"序列"，打开图 5-8 所示对话框，选择按行或列的方向填充。序列类型如果是"日期"，则要选择一种日期单位；如果是数字型的序列，则需要确定步长值和终值。设置完毕，单击"确定"按钮，即可完成序列数据的填充。

图 5-7　鼠标右键快捷菜单

图 5-8　"序列"对话框

【例 5.1】启动 Excel 2016 程序，在第一张工作表中输入图 5-9 所示的数据。

要求：病人编号内容是文本型，并且用序列方式填充。输入内容后将工作表保存为"某医院部分住院病人费用表一览表.xlsx"文件。

	A	B	C	D	E	F	G	H	I
1	某医院部分住院病人费用表一览表								
2	病人编号	姓名	病区	性别	出生年月	费用类别	药品费	床位费	治疗费
3	000001	刘晓岚	骨科	男	1975/9/3	医保	2268.67	1500	700
4	000002	张华	妇科	女	1982/3/21	医保	1267.46	900	1021
5	000003	李佳佳	儿科	女	2011/7/23	自费	812.34	450	631
6	000004	杨昆	肾病科	男	1972/3/28	医保	1546.21	380	528.5
7	000005	孙红	外科	女	1996/6/12	医保	511.85	300	375.5
8	000006	牛国刚	内科	男	1967/4/18	医保	2357.18	1200	920
9	000007	马志林	神经科	男	1960/8/11	自费	2900.65	1260	800
10	000008	李鹏成	神经科	男	1950/1/14	新农合	1910.1	960	870
11	000009	张涛华	内科	男	1987/12/9	医保	2370.4	860	856
12	000010	刘丹	妇科	女	1989/6/9	医保	3260.1	720	1660
13	000011	林小雪	妇科	女	1983/9/25	自费	1111.79	450	812
14	000012	马建军	内科	男	1962/11/7	医保	591.7	60	1420
15	000013	王明丽	内科	女	1999/2/10	医保	1689.14	480	1062
16	000014	戚建亚	内科	男	1940/2/15	离休	5561.57	960	940.5
17	000015	张华兵	五官科	男	1955/10/7	医保	1016.77	480	1155
18	平均费用						1945.062		

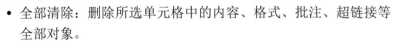

图 5-9　工作表原始样式

2．单元格数据的编辑

将数据输入单元格后，可能要对其进行修改、删除、移动、复制、查找、替换等操作，操作方法如下。

（1）修改

单击单元格，直接输入新内容以替换原来的内容。若只对单元格中的内容进行局部修改，则有以下两种方法。

- 单击数据所在的单元格，该数据将显示在"编辑栏"中，在编辑栏中单击并修改数据。
- 双击数据所在的单元格，直接在单元格中对数据进行修改，按"Enter"键确定。

（2）删除

若只删除某些单元格中的内容，可以先选择这些单元格，再按"Delete"键；若要删除的是单元格中的全部内容，或只清除格式、批注，选择单元格后，在"开始"选项卡"编辑"组中单击"清除"下拉按钮，从中选择相应的子菜单，如图 5-10 所示。其中各项子菜单的含义如下。

图 5-10　"清除"的子菜单

- 全部清除：删除所选单元格中的内容、格式、批注、超链接等全部对象。
- 清除格式：只删除所选单元格的格式，保留内容和批注。
- 清除内容：只删除所选单元格中的内容，保留其他属性，相当于按"Delete"键。
- 清除批注：只删除所选单元格附加的批注，单元格内容和格式不受影响。
- 清除超链接：清除所选单元格中的超链接，但超链接格式仍存在。
- 删除超链接：删除所选单元格中已有的超链接。

（3）移动和复制

移动和复制单元格可以使用以下两种方法。

① 直接使用鼠标的拖放功能，适用于近距离移动和复制内容。选择要移动或复制的单元格（区域），将鼠标指针放到选择区域的边缘待其变成白色带有双十字的左箭头形状时，按下鼠标左键拖至目标位置松开即可移动数据。拖动的同时按住"Ctrl"键，即可进行复制操作。

若按下鼠标右键拖至目标位置处释放，将打开图 5-11 所示的快捷菜单，从中选择要执行的操作命令，这种方法既方便又实用。

② 使用"剪切""复制""粘贴"命令，适用于远距离移动或复制内容，例如在相距较远的单元格、不同的工作表、工作簿之间移动或复制内容。

如果只想复制单元格中的某些对象（如格式、批注或公式），需要在粘贴时单击"开始"选项卡"剪贴板"组中的"粘贴"下拉按钮，在下拉列表中选择"选择性粘贴"选项，打开"选择性粘贴"对话框，在其中选择相应的选项，如图 5-12 所示。从中可以选择只粘贴单元格中的某些对象（如格式、批注或公式），或将原表格的行与列发生转换（转置），也可以对原单元格中的数据与目标单元格中的数据进行某种运算。

图 5-11　拖动并释放的快捷菜单

图 5-12　"选择性粘贴"对话框

（4）查找和替换

使用 Excel 2016 可以查找指定的文字、数字、日期、公式等所在的单元格，并进行替换。

在"开始"选项卡"编辑"组中单击"查找和选择"按钮，选择"查找"选项，打开图 5-13 所示的对话框。

在"查找内容"框中输入要查找的信息（文字、数字、公式、批注内容），在"范围"框中选择相应的选项（工作簿或工作表），在"搜索"框中选择"按行"或"按列"，在"查找范围"框中选择"公式""值""批注"，按照是否要区分大小写和全半角来决定是否选中相应的复选框，若只查找与"查找内容"框中指定的字符完全匹配的单元格，则要选中"单元格匹配"复选框。单击"查找下一个"按钮，符合条件的单元格将成为当前活动单元格。单击"查找全部"按钮，则将在对话框下部列出查找到的相关信息。

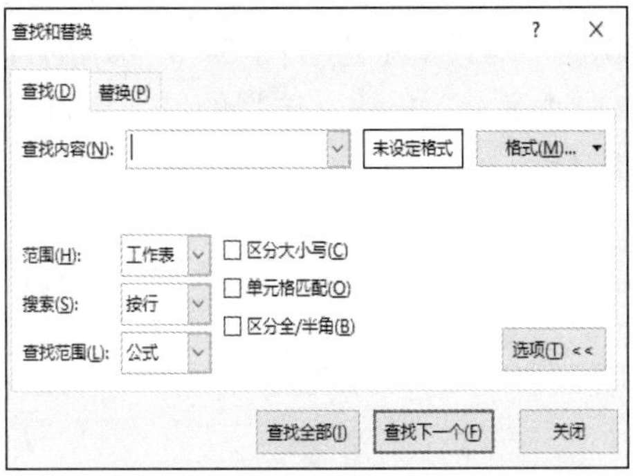

图 5-13 "查找和替换"对话框

替换功能与查找功能的使用方法类似，它可以用其他信息替换查找到的信息。只需要在"替换"选项卡的"替换值"框中输入要替换的新数据，单击"替换"或"全部替换"按钮。

3. 数据的有效性

向工作表中输入数据时，为防止用户输入错误数据，限制用户只能输入指定范围的数据，可以为单元格设置有效数据范围。利用数据的有效性可以控制输入的数据范围、小数位数、文本长度、日期间隔、序列内容，甚至可以对自定义公式进行限制。

例如，要求一天的床位费的取值必须在 60～200，设置的方法如下：选择床位费所在区域，在"数据"选项卡"数据工具"组中单击"数据验证"按钮，在出现的"数据验证"对话框中进行设置，如图 5-14 所示。在"验证条件"中，允许取的值包括任何值、整数、小数、序列、日期、时间、文本长度、自定义等。"设置"选项卡主要用于指定数据类型和取值范围，"输入信息"选项卡用于设置鼠标指针指向该区域时的信息，"出错警告"选项卡用于设置用户输入的数据不在指定范围时的指示语及符号，"输入法模式"选项卡用于自动切换输入法。当向床位费中输入 400 时，会出现图 5-15 所示的内容。

图 5-14 数据有效性的设置、信息、警告

图 5-15 违反数据有效性出现的提示

利用数据的有效性还可以为单元格数据添加下拉列表框，以提供填充序列。例如"病区"有 8 个，如果不直接将其填充到表中，而是为用户提供可选项，即选择要填充病区的单元格区域后，在"数据验证"对话框中进行图 5-16 所示的设置（注意"来源"框中各项间用英文逗号分隔），单击"确定"按钮。选择的单元格将提供下拉式列表，可以从中选择相应的内容，如图 5-17 所示。

图 5-16　设置序列填充　　　　　　　　　　图 5-17　选择序列填充值

5.1.4　行列单元格的基本操作

1．工作表中光标的移动和定位

向工作表的某个单元格中输入数据时，首先要将光标置于该单元格，使其成为当前活动单元格。

① 移动光标最简单的方法是单击某个单元格，此操作适合在不相邻的单元格间进行。

② 在相邻单元格间移动光标时使用键盘更方便：按一次"Tab"键光标从左向右移动一个单元格；若同时按住"Shift"键，则光标向相反方向移动；按"Enter"键光标下移一个单元格（而不是在同一个单元格中换行）；方向键↑、↓、←、→可将光标分别向当前单元格的上、下、左、右位置移动。

③ 要将光标定位到相距较远的单元格时，可在"开始"选项卡"编辑"组的"查找和选择"菜单中单击"转到"按钮，打开相应的对话框，将目标单元格的地址输入"引用位置"文本框，单击"确定"按钮。

④ 要将光标定位到满足某种条件的单元格时，可在"开始"选项卡"编辑"组的"查找和选择"菜单中单击"定位条件"按钮，在弹出的对话框中选择合适的条件。

2．选取行、列、单元格

选择操作是执行其他操作的基础，被选择的单元格区域将以淡灰色背景（第一个单元格除外）高亮显示。

（1）一个单元格的选取

只要单击某个单元格，该单元格就被选择，其周边会被粗边框包围，表示为当前活动单元格。

（2）多个单元格（区域）的选取

要选择多个连续的单元格（区域），可按下鼠标左键直接拖曳。要选择较大的连续区域，先单击左上角的第一个单元格，按下"Shift"键，再单击该区域的最后一个单元格，这种操作可避免在鼠标拖曳过程中因滚动过快而发生难以控制的情况。

要选择不连续单元格（区域），选择第一个单元格（区域）后，按下"Ctrl"键不放，同时用鼠标选择其他单元格（区域），最后松开"Ctrl"键。

（3）快速选择空白单元格

在"开始"选项卡"编辑"组的"查找和选择"菜单中单击"定位条件"按钮，打开对应的对话框（或按"Ctrl + G"快捷键），选择其中的"空值"选项。

（4）行列的选取

单击行号或列标，可选择一行或一列；按住鼠标左键沿行号或列标拖曳，可选择连续的多行或多列；若按下"Ctrl"键单击某些行号或列标，则可选择不连续的行或列。

（5）整表的选取

单击工作表左上角行号和列标交叉处的按钮（称为全选按钮），可选择整张工作表的所有单元格。

要取消已选择的区域，在工作表的任意一处单击即可。

3．隐藏行、列、单元格

要对单元格进行隐藏，在单元格上单击鼠标右键，在弹出的快捷菜单中选择"设置单元格格式"子菜单，在弹出的对话框中单击"保护"标签，选中"隐藏"复选框即可。这样含有公式的单元格被隐藏后，其中的公式就不会出现在编辑栏中，但只有在工作表被保护的情况下隐藏单元格才有效。

选择要隐藏的行或列，在"开始"选项卡"单元格"组的"格式"下拉菜单中选择"可见性"选项，并执行相应的操作。例如，可以将不想打印的行或列隐藏后再进行打印。

4．插入和删除行、列、单元格

在已经建好的工作表中，往往需要插入或删除行、列、单元格以满足各类表格的需求。

（1）插入

插入空白单元格：首先选择要插入新的空白单元格的区域。选择的单元格数目应与要插入的单元格数目相等。然后在"开始"选项卡的"单元格"组中打开"插入"下拉菜单，选择其中的"插入单元格"，如图 5-18 所示。

插入一行或一列：首先单击需要插入的新行下面相邻行或新列右侧相邻列中的任意单元格。

插入多行或多列：首先选择需要插入的新行之下相邻的若干行或新列右侧相邻的若干列，选择的行数或列数应与要插入的行数或列数相等。然后在"开始"选项卡的"单元格"组中打开"插入"下拉菜单，选择"插入工作表行"或"插入工作表列"。

插入新的单元格、行或列后，行号或列标会自动重新编号。

（2）删除

选择要删除的行、列、单元格，单击鼠标右键，在弹出的快捷菜单中选择"删除"选项，或从"开始"选项卡的"单元格"组中打开"删除"下拉菜单，选择"删除"选项，如图 5-19 所示。

图 5-18 "插入"菜单

图 5-19 "删除"菜单

5. 调整行高和列宽

默认工作表中所有单元格具有相同的宽度和高度，但各列数据长度不同或数据在一个单元格中表现为两行时，需要根据实际情况调整单元格的行高和列宽。

改变列宽有以下两种方法。

① 将鼠标指针移至某列的右列标线上，当其变为双向箭头 ↔ 时，按下左键并左右拖动即可改变列的宽度；直接双击列标线，可让 Excel 依据该列中最宽的数据项自动调整列宽；要同时调整多列为等宽时，先选择这几列，再拖动其中任何一列的列标线。

② 选择某列或某个单元格，在"开始"选项卡的"单元格"组中打开"格式"下拉菜单，选择其中的"列宽"，如图 5-20 所示，在弹出的对话框中输入列宽的值，或选择"自动调整列宽"选项。

改变行高与改变列宽的方法类似，在此不再赘述。

6. 批注

若要为单元格中的内容添加文字说明而不将其显示在表格中时，可为单元格插入批注。

选择单元格，在"审阅"选项卡的"批注"组中单击"新建批注"按钮，或在单元格上单击鼠标右键，在弹出的快捷菜单中选择"插入批注"命令，进入"编辑批注"框，输入批注内容，该单元格右上角会出现一个红色三角形。

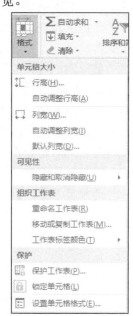

图 5-20 调整行高、列宽

还可以在"批注"组或快捷菜单中选择相应的按钮或菜单，对批注进行编辑、删除、显示/隐藏操作，如图 5-21 所示。

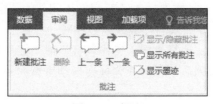

图 5-21 批注

5.1.5　工作表的基本操作

在一个打开的工作簿中，用户可以根据需要执行选择、插入、删除、重命名、移动、复制、隐藏、保护工作表等操作，还可以对工作表窗口进行拆分、冻结，以使工作表的结构更简洁明了。

1．工作表的选择

对工作表进行其他操作之前需要先执行选择操作。选择工作表有以下几种方法。

① 选择单张工作表：单击相应的工作表标签。

② 选择多张连续工作表：单击第一个工作表标签，按住"Shift"键，再单击最后一个工作表标签。

③ 选择多张不连续工作表：单击第一个工作表标签，按住"Ctrl"键的同时单击其他工作表标签。

④ 选择工作簿中的所有工作表：在工作表标签上单击鼠标右键，从弹出的快捷菜单中选择"选择全部工作表"选项。

⑤ 取消选择：单击所选的工作表标签，可取消对单个工作表的选择，单击任意一个未选择的工作表标签可取消对多个工作表的选择。

2．工作表的插入和删除

在一个工作簿中插入新的工作表有以下几种方法。

① 直接单击工作表标签右侧的"插入工作表"按钮。

② 在某个工作表标签上单击鼠标右键，在弹出的快捷菜单中选择"插入"命令，从弹出的对话框中选择"工作表"选项。

③ 选择多张工作表标签，按上述方法进行插入操作，可一次性插入多张工作表。新插入的工作表将出现在活动工作表的左侧，并成为当前工作表。

要删除工作表，首先选择要删除的一张或多张工作表，然后执行以下操作。

① 选择"开始"选项卡中的"单元格"组，从"删除"按钮的下拉菜单中选择"删除工作表"选项。

② 在工作表标签上单击鼠标右键，从弹出的快捷菜单中选择"删除"选项。

3．工作表的移动和复制

在同一个工作簿内，拖曳工作表标签到目标位置执行移动工作表操作；按下"Ctrl"键拖曳可复制工作表。在不同的工作簿之间，在工作表标签上单击鼠标右键，从弹出的快捷菜单中选择"移动或复制……"选项，在弹出的对话框中选择要移动或复制到的目标工作簿；若选中"建立副本"复选框，则相当于执行复制工作表操作。

4．工作表的重命名

新建的工作簿中工作表的默认名称是 Sheet1、Sheet2……其含义不能反映工作表中的内容，可以将其改为与表中内容相符的名字。重命名的方法有以下 3 种。

① 双击工作表标签，输入新的工作表名称。

② 在工作表标签上单击鼠标右键，从弹出的快捷菜单中选择"重命名"选项。

③ 在"开始"选项卡的"单元格"组中，打开"格式"下拉菜单，选择其中的"重

命名工作表”选项。

5. 保护和隐藏

（1）保护

在“审阅”选项卡的“更改”组中单击“保护工作表”按钮，或在“开始”选项卡的“单元格”组中打开“格式”下拉菜单，选择“保护工作表”选项，进入图 5-22 所示的对话框。选中“保护工作表及锁定的单元格内容”时，用户将不能修改保护工作表之前未解除锁定的单元格，不能查看保护工作表之前隐藏的行或列，不能查看保护工作表之前隐藏的单元格中的公式。

在“允许此工作表的所有用户进行”列表框中，清除某复选框，就意味着用户不能进行相应的操作。

（2）隐藏和取消隐藏

在工作表标签上单击鼠标右键，在弹出的快捷菜单中选择“隐藏”命令，即可将该工作表隐藏；选择“取消隐藏”命令可重现工作表。

也可以在“开始”选项卡的“单元格”组中打开“格式”下拉菜单，选择相应的命令，如图 5-23 所示。

图 5-22　“保护工作表”对话框

图 5-23　隐藏/取消隐藏

6. 工作表窗口的拆分和冻结

查看一张比较庞大的表格时，往往不能在同一个窗口中浏览全部内容，为此可以将工作表窗口拆分或冻结。

（1）拆分

利用拆分条可将窗口拆分为几个小窗口。每个小窗口显示同一张工作表中的不同部分，拖动各窗口中的滚动条，可以将所需部分显示在窗口中，以便查看。拆分方法有两种：一是用鼠标直接拖曳工作簿窗口中的水平或垂直拆分条，将窗口分为左右或上下两个窗口。同时使用水平和垂直拆分条时可将窗口拆为 4 个部分，双击拆分条可取消拆分。二是选择某单元格，在"视图"选项卡的"窗口"组中单击"拆分"按钮，即从选择单元格的左上角对窗口进行拆分，再一次单击"拆分"按钮则取消拆分。

（2）冻结

工作表的冻结是将工作表窗口的某个区域固定，使其不随滚动条移动，这样查看大型表格中的内容时，始终能看到表固定区域的内容。操作步骤：选择一个单元格，在"视图"选项卡的"窗口"组中单击"冻结窗格"按钮，从下拉菜单中选择"冻结拆分窗格"，则从选择单元格的左上角位置冻结；也可以只冻结首行或首列。取消冻结时，从"冻结窗格"下拉菜单中进行操作。

另外，Excel 2016 可对打开的多个工作簿进行排列，在"视图"选项卡的"窗口"组中选择"全部重排"选项，可在"重排窗口"对话框中选择不同的排列方式，如图 5-24所示。

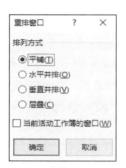

图 5-24　"重排窗口"对话框

【例 5.2】　打开【例 5.1】中建立的工作表，将工作表 Sheet1 的名字改为"住院病人费用表"，完成第一列病人编号的添加，从 000001 开始，保留前置 0。将表中 2～18 行的行高统一调整为 14；在"费用类别"列前添加"年龄"列；将所有的"神经科"替换为"内科"；给"姓名"为戚**的单元格添加批注，内容为"省级离休干部，联系方式137****6382"。在该表前插入一张名为"新表"的工作表。冻结该表的 1～2 行，保护该工作表，要求用户不能对其进行任何操作。

5.2　工作表的格式设置

建立并编辑工作表后，还需要对工作表本身及其中的数据进行格式化，以便以人们更容易接受的形式展示数据，并符合行业特征。Excel 2016 提供了许多格式化工作表的方法，用于对表中行、列、单元格进行修饰，并为单元格中的数据应用不同的格式。一般工作表的格式化包括自定义格式和自动套用格式两种设置方式。

5.2.1　单元格格式的设置

设置单元格（区域）中的数字、文字、对齐方式等格式有两种方式：一种是利用"开始"选项卡中的各组按钮，如图 5-25 所示；另一种是"设置单元格格式"对话框。

图 5-25   "开始"选项卡

1. 设置数字格式

Excel 2016 的数字格式包括常规、数值、日期、时间、百分比、分数、货币、文本、会计专用、科学记数法等。设置数字格式的方法如下。

选择要设置格式的区域，单击"开始"选项卡"数字"组中的"常规"按钮，从其下拉列表中选择数据格式，也可以直接单击"常规""百分比样式""千位分隔样式""增加小数点位数""减少小数点位数"等按钮来改变数字的格式。更详细的设置可以在"设置单元格格式"对话框中进行，如图 5-26 所示。在"数字"选项卡的"分类"列表框中选择一种格式类型，"示例"中会显示预览效果，如果没有需要的数字类型，也可从"分类"中选择"自定义"，在"类型"框中输入自己需要的数字格式。例如，日期格式可以是"2024-06-30"，也可以由用户自定义为"2024/06/30"。在"特殊"类型中，可以将数字格式转换为中文大（小）写数字，甚至转换为邮政编码。

图 5-26   "设置单元格格式"对话框

2. 设置对齐方式

工作表中输入的数据按照内置的方式对齐，即文本数据左对齐，数字数据右对齐。但在多数情况下，要根据需求改变数据对齐方式。设置对齐方式的方法如下。

选择要设置对齐方式的区域，在"开始"选项卡"对齐方式"组中单击相应的按钮，如"顶端对齐""垂直居中""底端对齐""自动换行""左对齐""居中""右对齐""合并及居中""缩进""方向"等按钮，即可让选择区域的数据按要求进行对齐。也可进入"设置单元格格式"对话框中的"对齐"选项卡进行设置，如图 5-27 所示。这些特殊效果在设计较复杂的表格时非常有用。

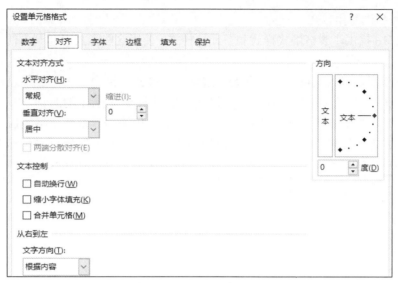

图 5-27　设置"对齐"格式

3．设置字体

利用"开始"选项卡"字体"组中的按钮或"设置单元格格式"对话框，可以对字体进行设置。

4．设置边框和底纹

在默认情况下，工作表中显示的表格线是辅助线条，打印不出来。可以为所选区域添加真实边框，也可以为该位置添加颜色或底纹图案。单击"开始"选项卡"字体"组中的"边框"按钮和"填充颜色"按钮旁的下拉按钮，从打开的列表中选择相应的边框或填充颜色。

详细设置可在"设置单元格格式"对话框的"边框"和"填充"选项卡中进行。首先选择边框样式和颜色，再单击边框应用的位置，如图 5-28 所示。可以为单元格区域选择单一的填充颜色，也可以选择图案样式及图案颜色，如图 5-29 所示。

图 5-28　设置"边框"格式

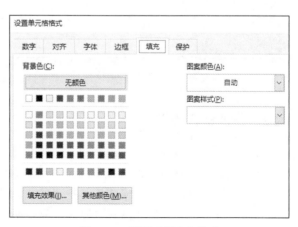

图 5-29　设置"填充"格式

5．设置自动套用格式

Excel 2016 提供了表格格式样式和单元格样式，使用这些样式可起到方便分析数据的作用。

选择要套用格式的表格，在"开始"选项卡"样式"组中单击"套用表格格式"下拉菜单，如图 5-30 所示。选中其中一种格式，出现图 5-31 所示的对话框，其中显示的数据来源就是选择的表格区域，选择"表包含标题"单选项，则套用格式后，表的第一行将作为标题行。如果不希望在第一行出现筛选按钮，可在该区域单击鼠标右键，在弹出的快捷菜单中选择"表格"子菜单中的"转换为区域"，从弹出的提示框中单击"是"按钮。

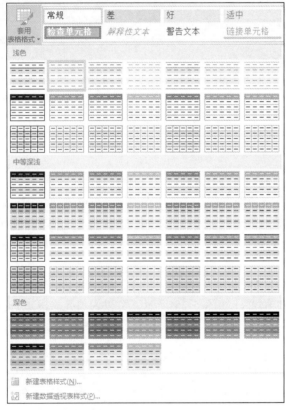

图 5-30　套用表格格式

图 5-31　"套用表格式"对话框

5.2.2　条件格式的设置

分析数据量比较大的财务表格时，常常用到条件格式的设置和使用。条件格式是指用醒目的格式设置选择单元格区域中满足条件的数据单元格格式。在工作表中选择某区域，在"样式"组中单击"条件格式"下拉菜单，选择要进行的设置选项。Excel 2016 的条件格式新增了许多功能，条件格式可以突出显示所关注的单元格区域，强调异常值，以及使用数据条、颜色刻度和图标集来直观地展示数据。

1．突出显示单元格规则

当选择单元格（区域）的值满足某种条件时，突出显示单元格规则用于设置该选择区域的填充色、文本色及边框色。例如，在住院病人费用表中，将费用大于 3000 元的数据用"红色""加粗"字体显示。操作方法：选择该数据区域，按图 5-32 和图 5-33 所示进行操作，选择"突出显示单元格规则"下的"大于"，设置条件及填充格式。

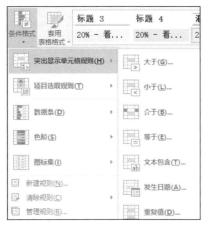

图 5-32　"突出显示单元格规则"选项　　　　　　图 5-33　条件及格式的设置

利用"突出显示单元格规则"可以对范围内的数字所在单元格、包含某文本的单元格、有重复值的单元格进行格式设置。

2．项目选取规则

项目选取规则用于标记数据区域中符合特定范围的单元格。例如标记出"年龄"中的最大值，可以选择年龄所在的区域，选择"项目选取规则"下的"前 10 项"选项，如图 5-34 所示，并进行图 5-35 所示的设置。这样按从大到小排序的前 10 项年龄数据所在的单元格将加上红色边框。

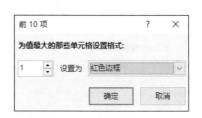

图 5-34　"项目选取规则"选项　　　　　　图 5-35　选取规则及效果

利用该规则可以用特殊格式标记出最大值、最小值的前 *n* 项，百分值最大、最小的前 *n* 项，以及高于或低于平均值的数据。

3．数据条

数据条用于帮助用户查看选择区域中数据的相对大小，数据条的长度代表数据的大小。例如，可以将年龄按大小用数据条显示出来。选择区域后，进入图 5-36 所示的数据条的渐变填充子菜单中，在其中选择第一种渐变填充样式。

图 5-36　数据条的渐变填充子菜单

4．色阶

色阶和数据条的功能类似，都是利用颜色刻度来直观地标记符合条件的单元格。色阶通过颜色的深浅来表示数据值的高低，这样就可以对单元格中的数据进行直观的对比。例如将"总费用"列中的数据用三色刻度显示，可以按以下步骤进行操作。

选择总费用所在的单元格区域，在"条件格式"下拉列表中，选择"色阶"中的"其他规则"选项，进入图 5-37 所示的对话框。在"格式样式"下拉列表框中选择"三色刻度"，在 3 个颜色下拉列表框中分别设置最小值、中间值、最大值对应的颜色，此处分别将其设置为红色、黄色、绿色，效果如图 5-38 所示。

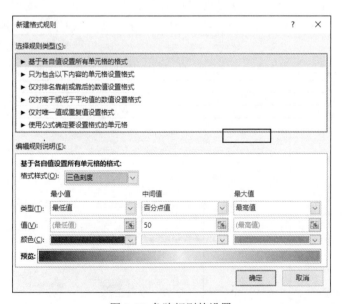

图 5-37　色阶规则的设置

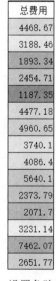

图 5-38　设置色阶后的效果

5．图标集

图标集可以为数据添加注释，系统能根据单元格的数值分布情况自动应用图标。选择要添加图标的区域后，可以通过图 5-39 所示的图标集进行设置。

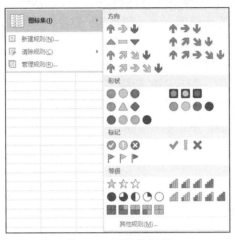

图 5-39　图标集列表

6．规则

除了可以用上述工具设置格式外，还可以选择某种规则进行条件格式设置。

例如，将表格中行号为双数的行填充为浅黄色，需要用一定的公式进行设置。选择区域后，在“条件格式”下选择“新建格式规则”选项，打开图 5-40 所示的“新建格式规则”对话框进行设置。在“选择规则类型”框中选择“使用公式确定要设置格式的单元格”；“编辑规则说明”框中的公式含义是，行号与 2 相除的余数为 0（即行号是偶数）。设置双行填充颜色后的效果如图 5-41 所示。

图 5-40　“新建格式规则”对话框

1	病人编号	姓名	病区	性别	出生年月	费用类别	药品费	床位费	治疗费
2		刘晓岚	骨科	男	1975/9/3	医保	2268.67	1500	700
3		张华	妇科	女	1982/3/21	医保	1267.46	900	1021
4		李佳佳	儿科	女	2011/7/23	自费	812.34	450	631
5		杨昆	肾病科	男	1972/3/28	医保	1546.21	380	528.5
6		孙红	外科	女	1996/6/12	医保	511.85	300	375.5
7		牛国刚	内科	男	1967/4/18	医保	2357.18	1200	920
8		马志林	神经科	男	1960/8/11	自费	2900.65	1260	800
9		李鹏成	神经科	男	1950/1/14	新农合	1910.1	960	870
10		张涛华	内科	男	1987/12/9	医保	2370.4	860	856
11		刘丹	妇科	女	1989/6/9	医保	3260.1	720	1660
12		林小露	妇科	女	1983/9/25	自费	1111.79	450	812
13		马建军	内科	男	1962/11/7	医保	591.7	60	1420
14		王明丽	内科	女	1999/2/10	医保	1689.14	480	1062
15		戚建亚	内科	男	1940/2/15	离休	5561.57	960	940.5
16		张华兵	五官科	男	1955/10/7	医保	1016.77	480	1155

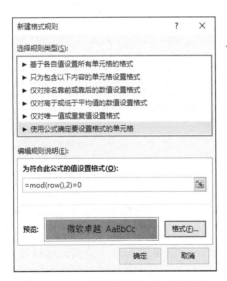

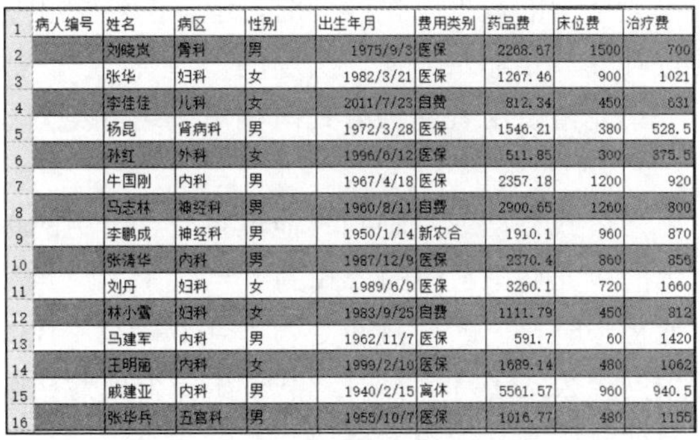

图 5-41　设置双行填充颜色后的效果

5.2.3 对象的插入与设置

在工作表中除了可以插入准确的数据、必要的公式外，还可以插入一些其他对象以满足特殊要求，例如在表格中用线条工具画斜线表头、用自选图形圈出重要数据、使用 Smart Art 图形、嵌入产品的外形图、插入图片等，这些对象的插入和设置与在 Word 中的操作相同。

Excel 2016 提供的照相机功能可以将页面中的数据连同格式拍下来，将其作为图片粘贴到另一张表格的页面中，图片中的数据还可以与原表数据同步更新。操作方法是，在"文件"选项卡的"选项"窗口中，先将"照相机"功能添加到快速访问工具栏中，选择表中需要照相的区域后，单击照相机按钮，切换到另一张工作表中，单击鼠标即可将所拍内容以图片形式粘贴到工作表中。修改原表中的某一数据时，图片中的对应内容会自动更改。

【例 5.3】 在【例 5.1】创建的表格中执行操作：标题合并居中，增大字号，表格内所有内容水平和垂直居中对齐，将"药品费""床位费""治疗费"列的数字格式设置为人民币符号，为表格套用一种格式并去除行标题下的筛选按钮；将"总费用"列中大于 3000 的单元格突出显示为红色填充，为该列应用图标集中的四色交通灯并进行规则设置。

5.3 工作表中数据的计算

使用工作表时会涉及大量的计算，为此，Excel 2016 提供了输入和使用公式及套用函数的功能，从而帮助用户迅速完成大量的计算工作。

5.3.1 单元格的引用

在工作表中，通常需要对单元格中的数据进行处理，所以大多数公式中都包含对其他单元格的引用，即在公式中用单元格的地址来调用该单元格中的数据参与计算。当被引用的单元格中的数据发生改变时，运算的结果也会随之改变。所以，在公式中引用单元格地址进行计算是非常方便、实用的。

单元格引用有两种方式：相对引用和绝对引用。

1. 相对引用

当公式移动或复制到其他位置时，引用的单元格地址也会发生改变。例如，在图 5-42 所示的单元格 A5 中的公式为"= A1 + A2 + A3 + A4"，当将该单元格中的公式复制到 B5 单元格中时，公式会自动变为"=B1 + B2 + B3 + B4"。Excel 2016 的相对引用功能使得在应用同类公式进行计算时，不必在每个单元格输入公式，只需要输入一个公式，然后使用填充柄复制到其他单元格。

图 5-42　单元格的引用

2．绝对引用

在公式中，引用的单元格地址不随公式所在单元格的位置发生变化而变化时，称为绝对引用。实现绝对引用的方法是在单元格地址的列标和行号前加$符号（在英文标点符号下输入，或将光标置于单元格名称前，按"F4"键），图 5-42 所示的单元格 C5 中的公式是"=$C$1 + $C$2 + $C$3 + $C$4"，即使将此公式复制到 D5 单元格中，公式仍为"=$C$1 + $C$2 + $C$3 + $C$4"。绝对引用适用于引用的某个单元格中的数据不能改变的情况。

根据实际情况，在一个公式中，相对引用和绝对引用可以混用，而且绝对引用可以只是行绝对引用，或只是列绝对引用，公式中有$的是绝对引用，没有$的是相对引用。例如 D$5，意味着列随着公式的移动自动调整，而行保持不变（即行绝对引用）；$D5 则是列绝对引用。

3．非当前工作表中单元格的引用

如果要从其他工作表中引用单元格，其引用格式是"工作表标签！单元格地址"。例如，在图 5-42 中，Sheet1 中 A9 单元格的公式要引用 Sheet2 中的 A3 单元格，则在 Sheet1 的 A9 单元格中应输入公式为"= Sheet2！A3"。

5.3.2　公式的编制

公式的正确编写是完成数据计算的重要前提，就像在数学计算中列出代数式，编写公式既要符合工作表的实际情况，还要符合数学逻辑。

1．公式的格式

Excel 2016 的公式必须以等于号（=）开头，然后用各种操作运算符将相关对象连在一起，即"=对象 运算符 对象 运算符"。

2．公式中的对象

Excel 2016 公式中的对象可以是常量（数字或字符）、变量、单元格引用及函数。如果对象是字符型值，则需要用引号为其定界（即将字符型的值放在引号中）。

3．公式中的操作运算符

Excel 2016 公式中的运算规则与数学中的规则相同，常用的运算符如表 5-1 所示，运算符的优先级如表 5-2 所示。

表 5-1　公式中常用的运算符

类型	符号	含义	举例
算术运算符	+（加号）	加法运算	=B2+C2
	−（减号）	减法运算	=B2−C2
	*（星号）	乘法运算	=5*A6
	/（斜杠）	除法运算	=9/3
	%（百分号）	加百分号	=5%
	^（脱字号）	乘方运算	=2^3
文本运算符	&（连字号）	连字符	=B2&C3&3
比较运算符	=（等于号）	等于	=B4=C4
	>（大于号）	大于	=B4>C4
	<（小于号）	小于	=B4<C4
	<>（不等于号）	不等于	=B4<>C4
	<=（小于等于号）	小于等于	=B4<=4
	>=（大于等于号）	大于等于	=B4>=2
单元格引用运算符	:（冒号）	区域引用	= sum (B2:D5)
	,（逗号）	联合引用	= sum (B2:C4,E3:G6,B7:E4)

表 5-2　公式中运算符的优先级

运算符	说明	运算符	说明
:（冒号）和,（逗号）	引用运算符	* 和 /	乘和除
−	负号	+和−	加和减
%	百分号	&	文本运算符
^	幂	=、>、<、<>、<=、>=、	比较运算符

下面对常用的运算符进行简要介绍。

① 算术运算符：用于执行数值型数据的四则运算、百分数和乘方运算。

② 文本运算符：用于将不同单元格中的文本或其他内容连接起来置于同一个单元格中。

③ 比较运算符：对两个运算对象进行比较，并产生逻辑值 TRUE（真）或 FALSE（假）。

④ 单元格引用运算符：用于确定公式中引用的是哪些单元格区域的数据。

4．公式的编制

选择要输入公式的单元格，先输入等于号，再输入由运算符和对象组成的公式。单击编辑栏中的"对勾"按钮（或按"Enter"键）确认公式，计算结果出现在该单元格中，而编辑栏中显示的仍是该单元格中的公式。若要修改公式，可双击单元格直接修改，或单击单元格在编辑栏中修改。例如病人的总费用是药品费、床位费和治疗费的和。即在图 5-43 所示的 K3 单元格中，采用单元格引用的方式将公式编写为"= H3 + I3 + J3"。

图 5-43　公式的编制

5．公式的复制

为了加快计算速度，减少公式编制的重复操作，可以将公式快速复制到其他单元格中。

首先，单击公式所在的单元格，用鼠标指向单元格右下角的填充柄。当指针变为黑色十字形状时，按住鼠标左键拖动，即可将该单元格中的公式快速复制到相邻的单元格（区域）中。在图 5-43 所示的 K3 中用单元格引用计算出病人总费用后，向下拖动该单元格的填充柄可迅速复制公式，计算出其他病人的总费用。

若公式所在的单元格不相邻，就只能用"复制"和"选择性粘贴"中的"公式"选项进行操作。

一般来说，只有当公式中的对象是单元格引用时，复制公式才有意义；若公式中的对象全部是常量，该公式不一定适合被复制到其他单元格。

5.3.3　函数的使用

函数是系统预先定义并按照特定顺序、结构来执行并分析数据以及处理任务的功能模块。定义好的函数可以被直接引用，既可作为公式中的一个运算对象，也可作为整个公式来使用。用户既可在单元格中直接输入函数名和参数，又可使用"公式"选项卡中的"函数库"命令。

Excel 2016 提供了很多可以直接使用的函数，如常用函数、财务函数、查找与引用函数等。使用这些函数可以对某个区域内的数值进行一系列运算。

函数的一般形式：函数名（参数 1，参数 2，……）。其中，函数名指明了要执行的运算；参数指定了该函数所需要的数据，可以是常量、单元格、区域、区域名、公式或其他函数。

例如，病人的总费用是药品费、床位费和治疗费三项之和，可用函数 SUM(number1, number2,…)计算，即"=SUM(H3,I3,J3)"，或"=SUM(H3:J3)"进行计算。

1．输入函数的方法

（1）使用插入函数

选择要放置计算结果的单元格，如 K4，单击"公式"选项卡"函数库"组中的"插入函数"按钮，弹出图 5-44 所示的"插入函数"对话框，从"或选择类别"下拉列表中选择类别，在"选择函数"列表框中选择要使用的函数名称。选择一个函数后，对话框下方会提供该函数的有关解释。单击"确定"按钮，进入"函数参数"对话框，其中显示了函数的名称、功能、参数、参数的描述、函数的当前结果等。在参数文本框中输入参数值或引用单元格（单击该文本框右侧按钮，可折叠对话框以显示工作表窗口），完成后单击"确定"按钮，即可显示计算结果。

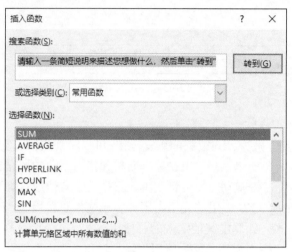

图 5-44 "插入函数"对话框

（2）直接在单元格中插入函数

如果对函数非常熟悉，可以像输入公式一样直接在单元格中输入函数，如选择 K3 单元格，向其中输入"=SUM(H3:J3)"，然后按"Enter"键。输入函数名后，系统会提示相近的函数供选择，同时提示该函数的功能，如图 5-45 所示。输入左括号后，Excel 2016 将提示参数要求，如图 5-46 所示。

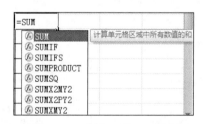

图 5-45 "插入函数"对话框

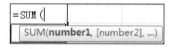

图 5-46 系统提示参数要求

（3）利用功能区中的按钮

"公式"选项卡的"函数库"组列出了各类函数，用户可以直接单击函数旁的下拉按钮来选择需要的函数。对于一些常规的计算，Excel 2016 提供了自动计算按钮以便用户快速计算出结果。

选择要进行计算的单元格区域，如 K3:K17，单击"自动求和"按钮旁的下拉按钮，将弹出图 5-47 所示的下拉菜单，选择"最大值"，计算结果将显示在该区域的最后一个单元格。该操作相当于使用了求最大值的函数 MAX(number1,number2,…)。另外，选择一个单元格区域后，窗口底部的状态栏右侧会出现选择区域中数据的快速计算结果，以便用户查看。

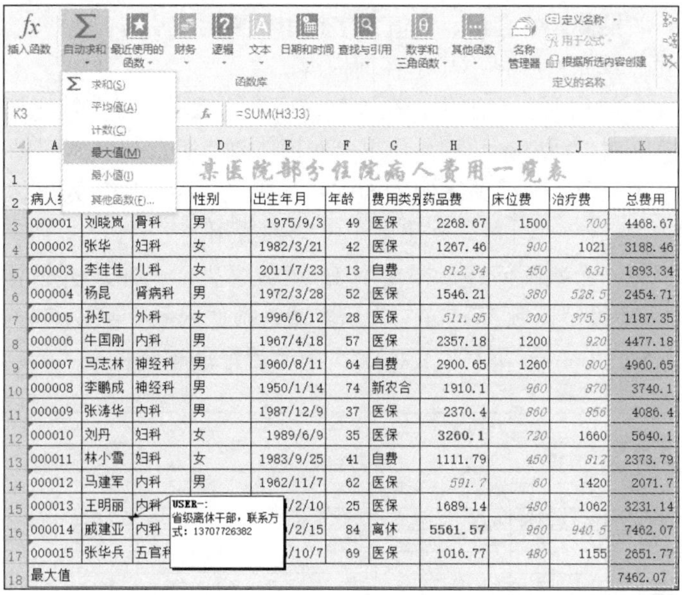

图 5-47　"公式"选项卡中的函数库及自动计算按钮

（4）函数的嵌套

Excel 还支持复合函数，即函数的嵌套。在某些情况下，要将某函数的计算值作为另一个函数的参数使用时，就需要将两个函数嵌套起来。例如求"4、9 及 3 与 9 的和"三者中的最大值，可用函数 SUM 和 MAX 嵌套，即"=MAX(4,9,SUM(3,9))"，在建立这种函数时，将 MAX 的某个参数用函数 SUM(3,9)表示即可。

2．常用函数使用方法

不同的函数可以实现不同的功能，如使用 SUM( )函数可以计算出多个单元格中数据的和，使用 MAX( )函数可以找出多个数值中的最大值。在此介绍一些常用函数的使用方法和技巧。

（1）求平均值函数——计算指定数据或区域的平均值

格式：=AVERAGE(number1,number2,…)。

• number：可以是数值、单元格引用或数组，但必须是数值型的。

例如，计算病人"总费用"的平均值，可以在指定单元格中输入函数式"= AVERAGE (K3:K17)"。

（2）条件函数——执行真假值判断，根据逻辑测试的真假值返回不同的结果

格式：= IF (logical_test,value_if_true,value_if_false)。

• logical_test：要检查的条件的任意值或表达式，可使用任何比较运算符。

• value_if_true：条件为真时的返回值。

• value_if_false：条件为假时的返回值。

使用函数时，如果输入的真值、假值为字符串，要用双引号括起来；如果引号中无任何字符，确定公式后单元格中将不显示任何内容。

【例 5.4】　在住院病人费用表中，在"总费用"列后添加"报销比例"列，根据"费用类别"为"报销比例"列填充数据。如果"费用类别"为医保，则报销比例为 75%；如果"费用类别"为新农合，则报销比例为 50%；如果"费用类别"为离休，则报销比例为 100%；如果"费用类别"为自费，则患者承担全部费用。

计算报销比例是一个判断问题，需要用 IF 函数解决。一种方法是根据计算要求，选中 L2 单元格，输入"报销比例"，在 L3 单元格输入条件函数"= IF (G3 = "医保", 0.75, IF (G3 = "新农合", 0.5, IF (G3 = "离休", 1, 0)))"，确认后拖动填充柄至 L17，如图 5-48 所示。

	A	B	C	D	E	F	G	H	I	J	K	L
	L3				fx	=IF(G3="医保",0.75,IF(G3="新农合",0.5,IF(G3="离休",1,0)))						
1					某医院部分住院病人费用一览表							
2	病人编号	姓名	病区	性别	出生年月	年龄	费用类别	药品费	床位费	治疗费	总费用	报销比例
3	000001	刘晓岚	骨科	男	1975-09-03	49	医保	¥2,268.7	¥1,500.0	¥700.0	¥4,468.7	0.75
4	000002	张华	妇科	女	1982-03-21	42	医保	¥1,267.5	¥900.0	¥1,021.0	¥3,188.5	0.75
5	000003	李佳佳	儿科	女	2011-07-23	13	自费	¥812.3	¥450.0	¥631.0	¥1,893.3	0
6	000004	杨昆	肾病科	男	1972-03-28	52	医保	¥1,546.2	¥380.0	¥528.5	¥2,454.7	0.75
7	000005	孙红	外科	女	1996-06-12	28	医保	¥511.9	¥300.0	¥375.5	¥1,187.4	0.75
8	000006	牛国刚	内科	男	1967-04-18	57	医保	¥2,357.2	¥1,200.0	¥920.0	¥4,477.2	0.75
9	000007	马志林	神经科	男	1960-08-11	64	自费	¥2,900.7	¥1,260.0	¥800.0	¥4,960.7	0
10	000008	李鹏成	神经科	男	1950-01-14	74	新农合	¥1,910.1	¥960.0	¥870.0	¥3,740.1	0.5
11	000009	张涛华	内科	男	1987-12-09	37	医保	¥2,370.4	¥860.0	¥856.0	¥4,086.4	0.75
12	000010	刘丹	妇科	女	1989-06-09	35	医保	¥3,260.1	¥720.0	¥1,660.0	¥5,640.1	0.75
13	000011	林小雪	妇科	女	1983-09-25	41	自费	¥1,111.8	¥450.0	¥812.0	¥2,373.8	0
14	000012	马建军	神经科	男	1962-11-07	62	医保	¥591.7	¥60.0	¥1,420.0	¥2,071.7	0.75
15	000013	王明丽	内科	女	1999-02-10	25	医保	¥1,689.1	¥480.0	¥1,062.0	¥3,231.1	0.75
16	000014	戚建亚	内科	男	1940-02-15	84	离休	¥5,561.6	¥960.0	¥940.5	¥7,462.1	1
17	000015	张华兵	五官科	男	1955-10-07	69	医保	¥1,016.8	¥480.0	¥1,155.0	¥2,651.8	0.75

图 5-48　IF 函数的设置

另一种方法是选择 L3 单元格，按照以下步骤完成操作。

① 在 IF 函数的"Logical_ test"参数文本框中输入"G3 = "医保"，在 Value_ if_ true 参数文本框中输入"0.75"（见图 5-49）。

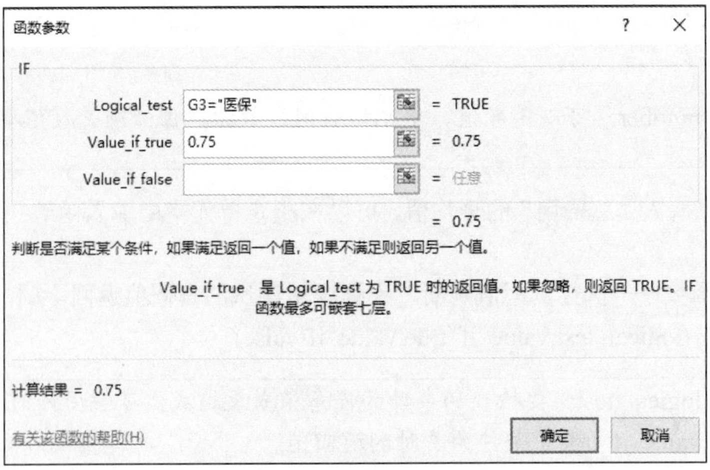

图 5-49　"函数参数"对话框

② 将鼠标指针定位于"Value_if_false"参数文本框中，单击工作表左上角的名称框，并在弹出的下拉列表中选择 IF 函数，即可打开一个新的 IF 函数参数对话框，输入 IF 函数的嵌套函数。在新打开的 IF 函数参数对话框中，依次设置"Logical_test"参数为"G3="新农合""，"Value_if_true"参数为"0.5"，如图 5-50 所示。

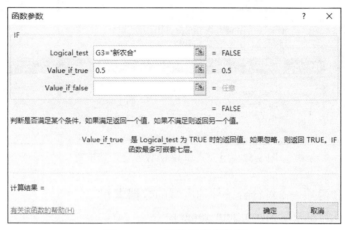

图 5-50　IF 函数的嵌套使用

③ 将鼠标指针定位于"Value_if_false"参数文本框中，单击工作表左上角的名称框，并在弹出的下拉列表中选择 IF 函数，再次打开一个 IF "函数参数"对话框，如图 5-51 所示。在新打开的 IF "函数参数"对话框中，依次设置"Logical_test"参数为"G3="离休""，"Value_if_true"参数"1"，"Value_if_false"参数为"0"。

图 5-51　多次嵌套函数的输入方法

④ 单击"确定"按钮，完成公式输入，编辑栏将显示完整的公式输入内容。拖动填充柄至 L17。

IF 函数可以自身嵌套使用，也可与其他函数嵌套。

【例 5.5】　在食品公司员工基本工资表中计算个人应缴纳的电费：耗电量在 40 度以下的电费按平价电费计算，否则按高价电费计算。

本例需要将公式和 IF 函数混合使用。函数参数如图 5-52 所示，其中平价电费和高价电费金额所在的单元格是被绝对引用的。

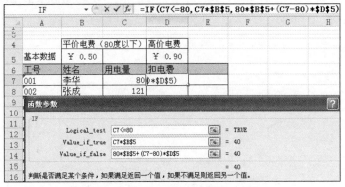

图 5-52　用公式和 IF 函数嵌套计算电费

（3）条件求和函数——对符合条件的区域的数据求和

格式：=SUMIF(range,criteria, sum_range)。

• range：用于条件判断的单元格区域。

• criteria：求和的条件，其形式可以为数字、表达式或文本。例如，条件可以表示为 32、"32"、">32"、"apples"。

• sum_range：实际需要求和的单元格区域。只有当 range 中的相应单元格满足条件时，sum_range 中的单元格才会被求和，如果省略 sum_range，则直接对 range 中的单元格求和。

【例 5.6】　在食品公司员工基本工资表中，对原料部的员工求应发工资总额。

本例需要使用条件求和函数，条件是"原料部"，求和项是"应发工资"列，函数参数如图 5-53 所示（这是在 I14 单元格中，插入 SUMIF 函数的设置）。

图 5-53　条件求和函数的用法

（4）统计函数——计算参数组中对象的个数

格式：=COUNT(value1,value2…)。

 参数 value1,value2…是包含或引用各种类型数据的参数（1～255 个），可以是数值、文字、逻辑值和引用。COUNT 函数仅用于对数字类型的数据计数，COUNTA 函数用于对数值及非空单元格计数，COONTBLANK 函数用于对空白单元格计数。

例如，在图 5-54 中，要统计 A2:G2 区域中的数字个数，在 H2 单元格中输入公式"=COUNT(A2:G2)"，结果等于 3；要统计 A2:G2 区域中数值个数及非空单元格数目，在 I2 单元格中输入公式"=COUNTA(A2:G2)"，结果等于 6；要计算 A2:G2 区域中空白单元格的数目，在 J2 单元格中输入公式"=COUNTBLACK(A2:G2)"，结果等于 1。

	A	B	C	D	E	F	G	H	I	J
1								数字个数	数值个数及非空单元格数目	空白单元格的数目
2	利润	3月15日		42	12.5	TRUE	=REF!	3	6	1

图 5-54　统计函数的用法

（5）条件统计函数——计算给定区域内满足特定条件的单元格的数目

格式：=COUNTIF (range,criteria)。

- range：需要计算其中满足条件的单元格数目的单元格区域。
- criteria：单元格应满足的条件，其形式可以为数字、表达式或文本。

在图 5-55 所示的例子中，统计应发工资在 3000 元以上的人数，并将结果置于 I19 单元格中。

图 5-55　条件统计函数的用法

在 J19 单元格中输入公式 "=COUNTIF(I4:I13,'>3000')",用于判断 I4:I13 区域中有几个值大于 3000。

(6)排名函数——计算指定数字在一列数字中的排名,有多个相同值时,返回平均值排名

格式:=RANK.AVG(number,ref,order)。

- number: 指定的需要排名的数字。
- ref: 排名的区域。
- order: 按升序或降序排位,此参数默认或为 0 时降序,非 0 时升序。

【例 5.7】 在食品公司员工基本工资表中,要求将每个人的应发工资按降序排名。在 L4 单元格中输入图 5-56 所示的内容,此处 I4:I13 区域被绝对引用。

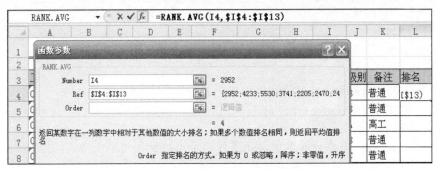

图 5-56 排名函数的用法

(7)日期函数——显示基于计算机系统的当前日期

格式:=TODAY( )。

(8)四舍五入函数——按指定位数对数值进行四舍五入

格式:=ROUND(number,num_digits)。

- number: 要计算的数字。
- num_digits: 执行四舍五入时指定的位数。

(9)每期还款额函数——计算在固定利率下,贷款的等额分期偿还额

格式:PMT(rate,nper,pv,fv,type)。

- rate: 贷款利率。
- nper: 总贷款期限。
- pv: 本金,即总贷款额。
- fv: 终值,即在最后一次付款后可获得的现金余额,忽略则为 0。
- type: 用于指定付款时间是在期初还是期末,取逻辑值 0 或 1,不写时默认为 0,即在期末还款。

【例 5.8】　在图 5-57 所示的表格中，在 B5、C5、D5 单元格中用 PMT 函数计算出了结果。此处函数中没有填写终值和付款时间（期初/期末）两项。Excel 2016 会自动将贷款偿还额设定为货币格式。

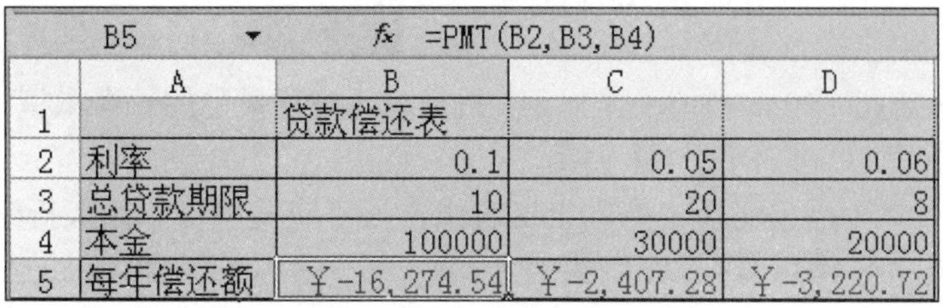

B5	▼	fx	=PMT(B2,B3,B4)	
	A	B	C	D
1		贷款偿还表		
2	利率	0.1	0.05	0.06
3	总贷款期限	10	20	8
4	本金	100000	30000	20000
5	每年偿还额	￥-16,274.54	￥-2,407.28	￥-3,220.72

图 5-57　等额偿还函数

3．使用公式或函数时出现的错误提示

在编辑公式或函数时如果有错误，Excel 2016 会出现相应的提示，如表 5-3 所示。用户需要根据提示进行修改。

表 5-3　公式或函数中的出错提示

提示符	错误原因	修改办法
#DIV/0!	公式或函数被零或空单元格除，如图 5-58 所示	将除数修改为非 0 或非空格值
#NAME?	公式中包含不可识别的文本，如图 5-59 所示	修改公式中引用的对象名称
#REF	公式中引用的单元格不存在，一般是由于公式中引用的单元格被删除	修改公式中引用的单元格名称
#VALUE!	公式中所用的某个值是错误的数据类型，如图 5-60 所示	修改单元格中的数据类型
#NULL	公式中引用了不正确的区域或公式中丢失运算符，如 =SUM(F4 F5)	修改区域名称或补全运算符

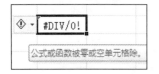

图 5-58　"#DIV/0!"错误提示

图 5-59　"#NAME?"错误提示

图 5-60　"#VALUE"错误提示

5.4　图表的使用

图表是以图形的形式展示工作表内的数据，它能直观形象地表示数据间的复杂关系，具有很强的说服力和吸引力。

5.4.1 迷你图

迷你图是工作表中的一个微型图表，用于直观表示数据。使用迷你图可以显示一系列数值的趋势，或突出最大值、最小值，以增强数据的表达效果。

1. 插入迷你图

迷你图不是 Excel 2016 中的一个对象，只是单元格背景中的一个微型图表。迷你图的类型有 3 种：折线图、柱形图、盈亏图。

【例 5.9】 在食品公司员工基本工资表中，为"应发工资"插入折线迷你图。选择包含数据的单元格区域 I4:I13，从"插入"选项卡的"迷你图"组中单击"折线图"按钮。在弹出的"创建迷你图"对话框中，指定迷你图的位置为 I15，单击"确定"按钮后在表中指定位置插入一条折线迷你图，如图 5-61 所示。

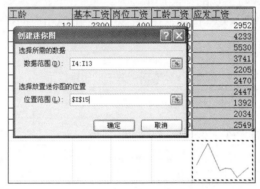

图 5-61 插入折线迷你图

2. 编辑迷你图

对迷你图进行编辑前，先选择迷你图所在的单元格，切换到"迷你图工具"的"设计"选项卡，如图 5-62 所示。

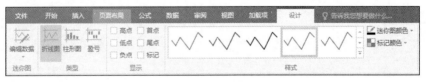

图 5-62 "迷你图工具"的"设计"选项卡

迷你图的主要操作如下。

- 改变迷你图中的数据源或迷你图的位置。单击"设计"选项卡"迷你图"组中"编辑数据"的下拉按钮，可选择"编辑组位置和数据"或"编辑单个迷你图的数据"，如图 5-63 所示，以重新指定数据源和迷你图的位置。
- 更改迷你图类型。在"类型"组中重新选择一种迷你图类型。
- 迷你图中可以显示 6 种特殊的数据点。在"显示"组中重新选择一种数据点，其中"高点"用于显示源数据中的最高值，"低点"用于显示源数据中的最低值，"负点"用于显示源数据中小于 0 的数据点,"首点"用于选择源数据中的第一个数据点,"尾点"用于选择源数据中的最后一个数据点,"标记"用于显示源数据中的每一个数据点。

* 选择迷你图后,选择"分组"组中的"清除"选项,可以删除选择的迷你图。

3. 美化迷你图

对于插入的迷你图可以直接套用系统提供的"样式"。选择迷你图所在单元格,切换到"迷你图工具"的"设计"选项卡,展开"样式"组列表框,从中选择合适的迷你图效果。用户也可以自定义迷你图的外观,单击"样式"组中的"迷你图颜色"、6 个数据点的"标记颜色"。将图 5-61 插入的迷你图的粗细改为 3 磅,折线颜色为蓝色,显示出高点并将其设置为红色,显示低点并将其设为橙色,效果如图 5-64 所示。

图 5-63　"编辑数据"下拉菜单

图 5-64　修改和美化后的迷你图

5.4.2　图表

1. 插入图表

利用 Excel 2016 提供的"图表"选项组,可以为工作表中选择的区域创建图表。

选择要创建图表的数据区域,可以是连续区域,也可以是不连续区域。例如,在食品公司员工基本工资表中,选择姓名(B3:B13)和应发工资(I3:I13)两个区域;切换到"插入"选项卡,在"图表"组中列出多种图表类型,选择其中一种类型,如选择"柱形图"—"圆柱图"—"簇状圆柱图",即可插入相应的图表,如图 5-65 所示。

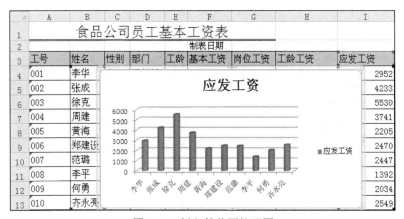

图 5-65　插入簇状圆柱形图

图表的主要组成元素如图 5-66 所示，包括图表区、绘图区、图表标题、数据标记、坐标轴、图例项、网格线等。

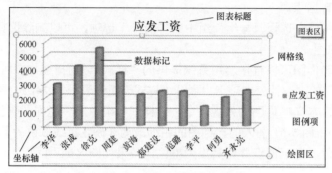

图 5-66　图表的组成元素

2. 图表类型

Excel 2016 包含 11 种图表类型，可以用不同的图表类型表示数据，如柱形图、条形图、饼图、圆环图、折线图、雷达图、股价图等。选择一个能良好表现数据的图表类型，有助于更清楚地反映数据的差异和变化，从而更有效地反映数据。下面介绍几种常见的图表类型及其特点。

- 柱形图：用于显示不同时间内的数据变化情况，或者用于对各项数据进行比较。这是最常见的商用图表类型，其中，柱形图中的分类位于横轴，数值位于纵轴。
- 条形图：用于比较不连续的无关对象的差别情况，它弱化了数值随时间的变化，突出了数值项之间的比较。条形图中的分类位于纵轴，数值位于横轴。
- 折线图：用于显示某个时期内，各项在相等时间间隔内的变化趋势，它与面积图相似，但折线图更强调变化率，而不是变化量，折线图的分类位于横轴，数值位于纵轴。
- 饼图：用于显示数据系列中每项占该系列数值总和的比例，它通常只包含一个数据系列。
- 散点图：通常用于显示和比较数值，其水平轴和垂直轴上都表示数值数据。
- 面积图：通过曲线（即每一个数据类型建立的曲线）下面区域的面积来显示数据的总和，说明各部分相对于整体的变化。它强调的是变化量，而不是变化的时间和变化率。
- 圆环图：类似于饼图，也用于反映部分与整体的关系，但它能表示多个数据系列，其中一个圆环代表一个数据系列。
- 雷达图：每个分类都有自己的数值坐标轴，这些坐标轴中的点向外辐射，并由折线将同一类型的数据连接起来，用于比较若干类型数据的聚合值。
- 曲面图：使用不同的颜色和图案来指示同一个取值范围的区域，用于寻找两组数据之间的最佳组合。
- 气泡图：一种特殊类型的 XY 散点图，数据标记的大小表示数据组中第三个变量的值。在组织数据时，可将 X 值放置于一行或一列中，并在相邻的行或列中输入相关的 Y 值和气泡大小。

- 股价图：用于描述股票的价格走势，也可用于科学数据，如随温度变化的数据。生成股价图时必须按正确的顺序组织数据，其中包含成交量的股价图有两个数值坐标轴，一个代表成交量，另一个代表股票价格。

3．设置图表

创建好图表后，一般要根据实际情况进行编辑和修改。编辑图表包括增加、删除、改变图表的内容，缩放或移动图表，更改图表类型，格式化图表内容等。

对图表及图表对象的移动、缩放、删除同对图片的操作：选择图表后利用控制句柄改变大小、移动位置或用"Delete"键将其删除。

如果要格式化图表中的任何一个对象，有两种方法。一是双击该对象，打开关于该对象的格式设置对话框，在对话框中进行设置；二是选择图表对象，在"图表工具"中分别进入"设计""布局""格式"选项卡进行设置。

【例 5.10】　对图表中的"应发工资"数据进行设置，选择图表布局 9、图表样式 20、显示数据标签、添加坐标轴标题内容等，并将图表背景填充为渐变色，最终效果如图 5-67 所示。

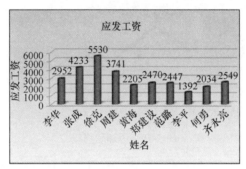

图 5-67　图表设置后的效果

要为图表添加新的数据类型或更改数据源，选择图表，在"图表工具"的"设计"选项卡中，单击数据组中的"选择数据"选项，打开图 5-68 所示的对话框。在"图表数据区域"框中引用要添加或更改的单元格区域，如增加基本工资所在列 F4:F13。

图 5-68　"选择数据源"对话框

可以修改图表的类型，选择图表中的数据标记后，在"图表工具"的"设计"选项卡中单击"更改图表类型"，从弹出的对话框中重新选择图表。如图 5-69 所示，将"应发工资"数据更改为折线图。

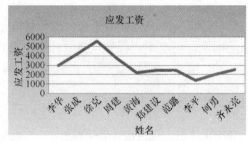

图 5-69 更改图表类型

可以为某些图表添加趋势线，用于描述现有数据的趋势或对数据的预测。选择图表，在"布局"选项卡"分析"组中的"趋势线"下，选择"线性趋势线"，效果如图 5-70 所示。

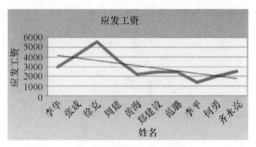

图 5-70 添加趋势线

当修改或删除工作表中的数据时，图表中的相应数据会自动更新。

5.5 数据的分析与管理

Excel 2016 除了能使用户方便地建立表格、对数据进行各种计算，以及将数据图表化外，其拥有更强大的功能——对数据进行处理，包括数据排序、筛选、分类汇总、合并计算，以及生成数据透视表、进行模拟运算等。

5.5.1 数据排序

一张工作表记录了大量的数据信息，为了方便查找数据，用户往往需要对数据进行排序，即根据指定字段的数据的顺序或特定条件，对整个工作表或选择区域的内容进行调整。

1. 简单排序

选择某列单元格，在"数据"选项卡"排序和筛选"组中单击"升序"按钮 _Ａ↓，以该列数字按从小到大的序列，或该列文字按首字从 A 到 Z 的顺序重新排列表格内容；单击"降序"按钮 _Ｚ↓，顺序相反。

2．多字段排序

根据某一列字段名对工作表中的数据进行排序时，可能会遇到该字段中有相同数据的情况，这时还需要根据其他字段对数据进行排序，即进行多字段排序。选择工作表中要排序的区域，在"数据"选项卡"排序和筛选"组中单击"排序"按钮，打开"排序"对话框进行设置。

【例 5.11】 在食品公司员工基本工资表中，先按"部门"字段降序排列，再按"工龄"升序排列。按照上文描述，打开"排序"对话框设置主要关键字条件后，单击其中的"添加条件"按钮，进行次要关键字条件的设置，如图 5-71 所示。可以复制相同条件，删除不需要的条件，如果选择"数据包含标题"单选项，则关键字框中列出的是每列的标题。还可以单击"选项"按钮，在打开的"排序选项"对话框中，设置排序是否区分大小写、排序方向及排序方法，如图 5-72 所示。

图 5-71 "排序"对话框   图 5-72 "排序选项"对话框

3．按特定顺序排序

如果希望把某些数据按特定的顺序进行排序，需要使用"自定义序列"功能。例如需要将部门的顺序按照"模具部、原料部、配料部、成品部"的顺序排列，选择工作表中要排序的区域，打开"排序"对话框后，在"次序"框中选择"自定义序列"，如图 5-73 所示。打开"自定义序列"对话框，将要求的顺序输入序列框并单击"添加"按钮，如图 5-74 所示。

图 5-73 次序选择

图 5-74 "自定义序列"对话框

4．其他排序方式

Excel 2016 新增了按单元格颜色、字体颜色、单元格图标进行排序的功能。

（1）按单元格颜色排序

该功能可以将某列中具有相同颜色的单元格排在列的顶端或底端。例如先将"性别"列中值为"男"的单元格填充为黄色（可用条件格式填充），选择工作表中需要排序的区域，在"排序"对话框中进行图 5-75 所示的设置，就可将所有黄色填充的单元格排序到列的顶端。

图 5-75　按单元格颜色排序

按字体颜色排序的操作与之类似。

（2）按单元格图标进行排序

该功能可以将某列中具有相同图标样式的单元格排在列的顶端或底端。经过这些特殊的排序后，其他未参与排序的单元格的数据保持原有的相对顺序。

5.5.2　数据筛选

如果希望从工作表中选择符合特定条件的数据时，就可以对表中的数据进行筛选。

1．自动筛选

如果筛选条件比较简单，可以选择自动筛选。自动筛选时能直接选择筛选条件，或简单定义筛选条件。

【例 5.12】　要求只显示所有"原料部"的员工信息。选择数据区域，在"数据"选项卡"排序和筛选"组中单击"筛选"按钮，每个字段名的右边会出现一个三角形筛选按钮，单击"部门"右侧的筛选按钮，从下拉列表中选择一个条件，如图 5-76 所示，则满足该条件的数据将显示在工作表中，其他数据行被隐藏。

图 5-76　自动筛选列表

若下拉列表中没有所需的条件,可以自定义筛选条件。例如要求筛选出工龄大于等于 10 年且小于等于 30 年的员工信息,单击"工龄"字段筛选按钮,在图 5-77 所示的界面中选择"数字筛选"—"自定义筛选"选项,在打开的"自定义自动筛选方式"窗口中设定条件。如果筛选的字段是文本,在筛选条件中可以使用?或*通配符代替其他字符,例如筛选出姓名列中所有姓李的员工信息。

图 5-77　自定义筛选条件

还可以按照单元格的颜色进行筛选。

2. 高级筛选

当自动筛选无法满足筛选条件或筛选条件较多、较复杂时,可以选择高级筛选。

进行高级筛选前,必须先在工作表中建立条件区域。将含有筛选条件的字段名复制或输入空白单元格,在该字段下方的单元格中输入要匹配的条件(注意不能将字段与条件输入同一个单元格)。

【例 5.13】　筛选出所在"部门"是原料部并且"应发工资"大于 2500 元的员工信息。首先按要求设定筛选条件,然后选择数据区域中的某一个单元格,在"数据"选项卡"排序和筛选"组中单击"高级"按钮,打开图 5-78 所示的对话框。在对话框中选择筛选结果的放置位置,确定筛选的数据区域(即对话框中的"列表区域")和条件区域。可用鼠标直接引用单元格区域,若在"方式"中选择"将筛选结果复制到其他位置"选项,就要为筛选结果确定一个区域(即对话框中的"复制到"框)。确定后,筛选结果如图 5-79 所示。若多个筛选条件间为"或"的关系,则条件区域应按照图 5-79 中的②处进行设置。

图 5-78　"高级筛选"对话框

	A	B	C	D	E	F	G	H	I
55									
56			①	部门	应发工资		②	部门	应发工资
57				原料部	>2500	条件区域		原料部	
58									>3000
59									
61		工号	姓名	性别	部门	工龄	基本工资	岗位工资	工龄工资	应发工资
62		001	李华	女	原料部	12	2300	400	240	2952
63		003	徐克	男	原料部	30	4500	400	600	5530

图 5-79　高级筛选结果

3．取消自动筛选

有以下几种方法可以取消筛选。

- 单击某字段名右侧的下拉箭头，选择“从……中清除筛选”项，可取消该列的筛选并显示全部数据。
- 在“数据”选项卡“排序和筛选”组中单击“清除”按钮，可取消该列的筛选并显示出全部数据。
- 在“数据”选项卡“排序和筛选”组中单击“筛选”按钮，可取消自动筛选的下拉箭头。

5.5.3 分级显示

在对工作表中的数据进行浏览、分析和决策时，如果希望能将具体数据折叠起来，或对某个字段中相同的数据进行统计，可以利用分组和分类汇总的功能。

1．分组显示

分组是 Excel 2016 的一个常用功能，用于将某个范围的单元格关联起来，从而将其折叠或展开。

【例 5.14】 在浏览员工工资表的汇总内容时，选择 A4:I13 区域，在“数据”选项卡“分级显示”组中单击“创建组”下拉按钮，在其中选择“行”，确定后在这些行的左侧出现三层折叠/展开按钮，如图 5-80 所示。单击折叠按钮，可以将第 4～13 行的数据隐藏，只浏览汇总行内容，如图 5-81 所示。

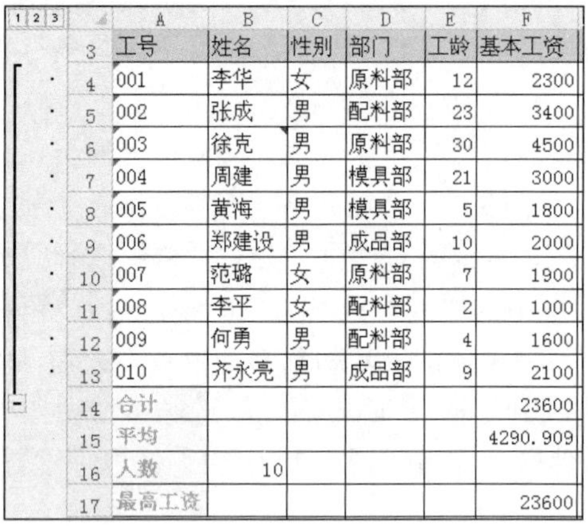

	A	B	C	D	E	F
3	工号	姓名	性别	部门	工龄	基本工资
4	001	李华	女	原料部	12	2300
5	002	张成	男	配料部	23	3400
6	003	徐克	男	原料部	30	4500
7	004	周建	男	模具部	21	3000
8	005	黄海	男	模具部	5	1800
9	006	郑建设	男	成品部	10	2000
10	007	范璐	女	原料部	7	1900
11	008	李平	女	配料部	2	1000
12	009	何勇	男	配料部	4	1600
13	010	齐永亮	男	成品部	9	2100
14	合计					23600
15	平均					4290.909
16	人数	10				
17	最高工资					23600

图 5-80 分组显示

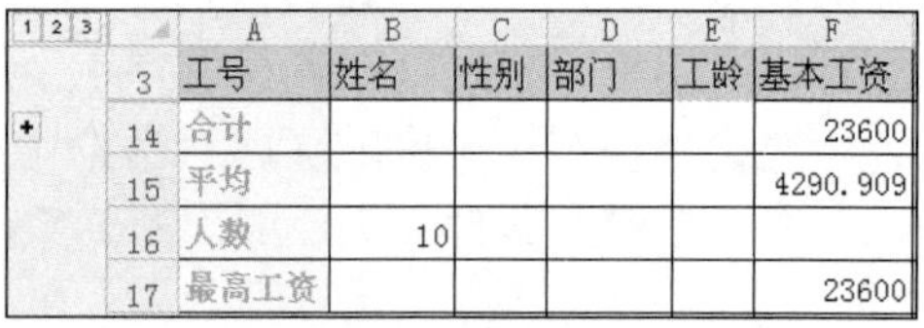

	A	B	C	D	E	F
3	工号	姓名	性别	部门	工龄	基本工资
14	合计					23600
15	平均					4290.909
16	人数	10				
17	最高工资					23600

图 5-81 折叠分组数据

用户可以按照自己的需要对任意行或列的数据进行分组，这种方法在使用时方便、灵活。

如果不需要某个分组，可以选择组所在区域，在“数据”选项卡“分级显示”组中单击“取消组合”按钮。

2．分类汇总

（1）分类汇总的操作方法

对某字段中的数据进行统计汇总之前，必须先依据该字段进行排序，将该字段中值相同的数据归为一类，即先进行分类操作。

【例 5.15】 首先按"部门"字段进行排序，将同一部门归为一类。然后选择该工作表区域 A4:I13，在"数据"选项卡"分级显示"组中单击"分类汇总"按钮，打开图 5-82 所示的对话框，在"分类字段"下拉列表中选择分类所依据的字段名；在"汇总方式"下拉列表中选择汇总的方式（求和、求平均值、求最大值等）；在"选择汇总项"列表框中指定要对哪些字段进行统计汇总。本例要求分别求各部门员工的基本工资、岗位工资、工龄工资、应发工资之和，结果如图 5-83 所示。

图 5-82 "分类汇总"对话框

图 5-83 分类汇总结果

（2）分类汇总表的查看

经过分类汇总后，得到的表结构与原表有所不同，除增加了汇总结果行外，在分类汇总表的左侧还增加了层次按钮和折叠/展开按钮。

分类汇总表一般分为 3 层，第 1 层为总的汇总结果范围，单击它，只显示全部数据的汇总结果。第 2 层代表参加汇总的各个记录项，单击它，显示总的汇总结果和分类汇总结果。第 3 层表示显示全部明细数据，单击它，将显示全部数据。而单击某个折叠或展开按钮，可以只折叠或展开该记录项的数据。单击图 5-82 中的"全部删除"按钮，可以删除分类汇总表并返回原工作表。

5.5.4 数据透视表

数据透视表是一种能对大量数据快速汇总并建立交叉列表的交互式表格。用户可以转换行和列来查看源数据的不同汇总结果，并根据需要显示区域中的明细数据，为决策提供依据。

1．建立数据透视表

建立数据透视表，可以让我们以不同的视角观察数据并对数据进行比较和分析。

首先，选择数据区域中的单元格，在"插入"选项卡"表格"组中单击"数据透视表"按钮，打开"创建数据透视表"对话框。在对话框中，选择要建立透视表的数据区域，并指定透视表的放置位置，确定后，进入数据透视表的编辑界面，同时出现"数据透视表字段列表"窗口，如图 5-84 所示。在字段列表窗口中，可以将字段拖到 4 个区域："报表筛选"中的字段将显示在报表页面最顶端，级别最高；"列标签"中的字段作为报表中的各列；"行标签"中的字段将显示在报表左侧；"数值"区域用于放置需要统计的字段。可以在各个区域中插入多个字段，并有顺序区别。

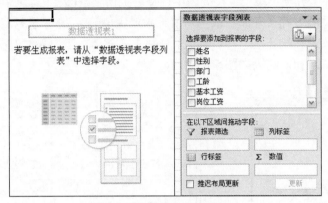

图 5-84　数据透视表编辑窗口

【例 5.16】　若要观察每个部门员工的应发工资及本部门工资汇总，在"数据透视表字段列表"窗口中将"部门"和"姓名"字段依次拖入"行标签"（注意顺序），将"应发工资"字段拖入"数值"区域。构造好的报表如图 5-85 所示。

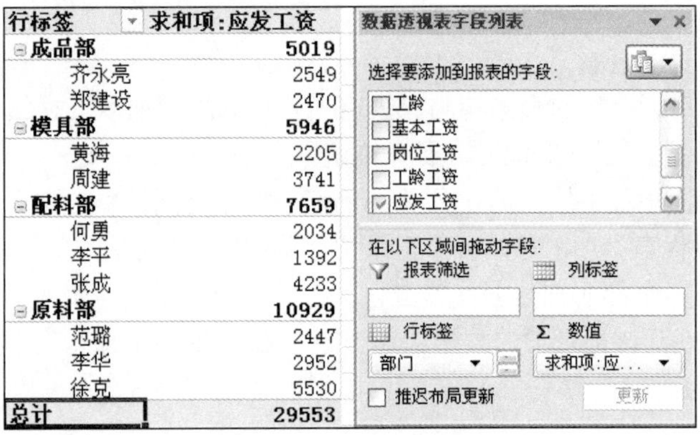

图 5-85　构造好的报表

2．编辑数据透视表

创建数据透视表时，功能栏中会出现"数据透视表工具"的"选项"和"设计"两个选项卡，利用其中的按钮可以对透视表进行修改和设置。

例如，将透视表中的"行标签"内容居中显示，空值处显示"无"，将"应发工资"的汇总方式改为最大值并设置为货币格式，并按部门名称升序排列。选择透视表中的单元格，在"数据透视表工具"的"分析"选项卡中，选择"数据透视表"组中的"选项"命令，打开图 5-86 所示的"数据透视表选项"对话框，进行设置。接着选择透视表中"应发工资"列的单元格，单击"活动字段"—"字段设置"，打开图 5-87 所示的"值字段设置"对话框，在"计算类型"中选择"最大值"，单击"数字格式"按钮。在打开的"设置单元格格式"对话框中选择"货币"类型，还可以设置小数位数等。

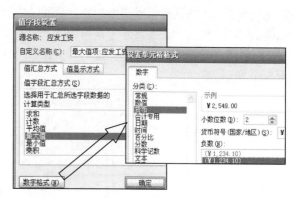

图 5-86　"数据透视表选项"对话框　　　图 5-87　数据透视表中的"值字段设置"对话框

用户可以更改数据透视表的数据源，方法是重新选择数据区域。

Excel 2016 新增了一个功能——切片器，它包含一组按钮，便于用户使用简单的筛选组件，快速筛选透视表中的数据，而无须打开下拉列表查找要筛选的项目，还可以指示当前的筛选状态。在"数据"选项卡"排序和筛选"组中选择"插入切片器"选项，打开相应的对话框。如果想按照"性别"交互筛选数据，就选择该字段，如图 5-88 所示，这样窗口会出现一个切片器。如果用户想浏览女员工的数据透视表，就单击"女"按钮，效果如图 5-89 所示。单击"切片器"右上角的"清除筛选器"按钮 ，可以显示全部数据。

图 5-88　插入切片器

图 5-89　切片器筛选数据

3．设置数据透视表布局

数据透视表的布局不同，表现的方式就有区别。在"数据透视表工具"的"设计"选项卡中，可以对已生成的数据透视表进行以下布局设置。

- 分类汇总：在数据透视表中是否显示各分类的汇总内容，显示在什么位置。
- 总计：是否显示行或列的总计内容。
- 报表布局：可以是压缩形式、大纲形式和表格形式。
- 空行：是否在每个项目间留出空行。
- 样式选项：可以将第一行、第一列设置为特殊格式，或将奇偶行列设置为不同格式，使表格更具可读性。

4．由数据透视表生成数据透视图

选择数据透视表，在"数据透视表工具"的"分析"选项卡中，选择"工具"组中的"数据透视图"选项，从弹出的"插入图表"对话框中选择一种可用的图表类型，就可以生成一幅数据透视图。该图具有一般图表的特点，可以与图表一样进行操作和设置，但其中的数据可以根据用户的选择动态地显示不同内容。例如要显示"配料部"的"男"员工"应发工资"情况，可以单击数据透视图中的"部门"按钮和"性别"按钮，在弹出的窗口中进行选择，如图 5-90 所示。

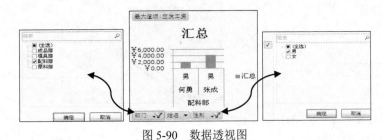

图 5-90　数据透视图

5.5.5　数据的其他分析工具

1. 单变量求解

如果已知公式预期的结果，而不知道实现这个结果需要的输入值，就可以使用"单变量求解"功能。"单变量求解"是一组命令的组成部分，这些命令称为假设分析工具。当进行单变量求解时，Excel 2016 会不断改变特定单元格中的值，直到依赖于单元格的公式返回所需的结果为止。

【例 5.17】　假设贷款 100,000 元购房，要求每期偿还款不能超过 3000 元，贷款期限为 48 个月，计算还款利率。在工作表中输入图 5-91 所示的数据，然后定位到 B4 单元格，输入公式或函数"=PMT(B3,B2,B1)"。在"数据"选项卡"数据工具"组中单击"模拟分析"下拉按钮，在下拉列表中选择"单变量求解"选项，打开图 5-92 所示的"单变量求解"对话框，设置"目标单元格"为 B4，"可变单元格"为$B$3，在"目标值"中输入还款值。单击"确定"按钮后，"可变单元格"中的值发生了变化，即如果每期还款额为 3000 元，则月利率为 1.60%，结果如图 5-93 所示。

图 5-91　工作表　　　图 5-92　"单变量求解"对话框　　图 5-93　"单变量求解"结果

2. 规划求解

规划求解是 Excel 2016 中最重要的一种数据运算和分析工具，主要用于解决原始数据与目标数据间的最优组合问题，例如如何以最小的投资获得最大的回报，或如何优化线路以达到最小的运输成本等。

（1）加载规划求解工具

规划求解工具存在于 Excel 2016 的分析工具库中，使用前需要先加载。选择"文件"

选项卡"选项"组中的"加载项"选项，选择右侧界面"管理"下拉列表中的"Excel 加载项"，并单击"转到…"按钮，弹出"加载宏"对话框。在该对话框中选择"规划求解加载项"，单击"确定"按钮后，"数据"选项卡中出现了"分析"组，并增加了"规划求解"按钮。

（2）创建规划求解

【例 5.18】　制作一张产品利润规划表，要求每台空调销售利润为 700 元，每台冰箱销售利润为 1000 元，每月空调和冰箱的进货量分别不能超过 60 台和 45 台，两者总数不超过 100 台。目标是规划每月空调和冰箱各销售量，以达到最高利润。

按照要求先制作图 5-94 所示的表格，要计算的是 D3（即 B3、C3）和 B5 单元格中的值。定位到 B5 单元格，选择"数据"选项卡中的"规划求解"选项，进入图 5-95 所示的对话框进行设置。其中"遵守约束"框中的条件表达式，都需要在单击"添加"按钮后进入图 5-96 所示的对话框中进行设置，分别是 \$B\$3<=60，\$B\$3>=0，\$C\$3<=45，\$C\$3>=0，\$D\$3<=100。

设置好后进行"求解"，结果如图 5-97 所示，表明每月空调销售 55 台、冰箱销售 45 台时最大收益为 83500 元。规划求解方案的结果包括运算结果报告、敏感性报告、极限值报告，可以将其分别保存为一张工作表。

	A	B	C	D
1				
2		空调	冰箱	销售总量
3	数量			=SUM(B3:C3)
4	利润	700	1000	
5	最大收益	=B3*B4+C3*C4		

图 5-94　原数据表

图 5-95　"规划求解参数"对话框

图 5-96　设置约束条件

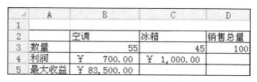

图 5-97　规划求解结果

5.6 打印输出

对于创建好的工作表，一般都要打印输出。打印之前，要先进行页面设置，预览满意后方可打印。

5.6.1 页面设置

在"页面布局"选项卡的"页面设置"组中，用户可以选择页边距、纸张大小、纸张方向，将选择的区域设置为打印区域，在光标定位处插入分页符，为页面设置背景图片，或者进入"页面设置"对话框进行设置，如图 5-98 所示。下面对对话框中的选项卡进行说明。

- "页面"选项卡：确定页面的方向、缩放比例、纸张大小及起始页码。
- "页边距"选项卡：确定页边距大小和居中方式，选中"水平"和"垂直"两个居中复选框，可将工作表内容打印在纸张中央。

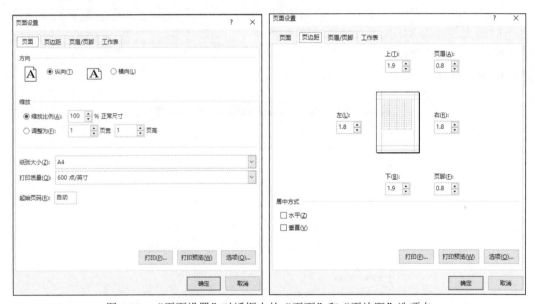

图 5-98　"页面设置"对话框中的"页面"和"页边距"选项卡

- "页眉/页脚"选项卡：单击"自定义页眉"或"自定义页脚"按钮，可以在打开的对话框中添加页眉（脚）。还可以选择下面的 4 个选项对奇偶页、首页等进行设置，如图 5-99 所示。
- "工作表"选项卡：将要打印的单元格区域引用到"打印区域"文本框中，以设置打印区域。如果一张工作表要跨页打印，将表的"顶端标题行"或"左端标题列"的单元格区域引用到相应的文本框中（两者不可同时使用），这样它们就可以出现在每张打印页的顶端或左端。还可以设置是否打印工作表中的网格线、批注、行号列标等，如图 5-99 所示。

图 5-99　"页面设置"对话框中的"页眉/页脚"和"工作表"选项卡

5.6.2　预览与打印

1．分页预览

在"视图"选项卡的"工作簿视图"组中，单击"分页预览"按钮，可将窗口切换为分页预览视图模式，其中的粗线条就是分页符。拖动分页符可以改变打印区域的大小。单击"普通视图"按钮可以回到正常窗口视图。

2．预览和打印

打印之前可以使用打印预览功能快速查看打印页的效果。单击"文件"选项卡中的"打印"按钮，进入打印预览界面，可以设置打印份数、选择打印机，设置打印的工作表、页数，还可以对纸张大小、方向、边距、缩放比例等进行设定。完成页面设置和打印预览后，就可以打印符合要求的工作表了。

用户可以直接从"快捷访问工具栏"中单击相应按钮，进行执行"打印预览和打印"或"快速打印"命令。

5.7　Excel 2016 的其他功能

5.7.1　网络功能

使用 Excel 2016，用户可以在网页上发布工作表、图表、数据清单等，与其他用户共享数据，可以浏览本地 Web 站点上的工作簿，打开以 HTML 格式保存的 Web 文件。

利用 Excel 2016 的文件保存和发布功能，可以将工作簿的全部内容以 HTML 的文档形式保存，并送到 Web 服务器上发布，以便任何具有 Web 浏览器的用户都能访问这些数据。建立好要发布的工作表、图表或数据清单后，执行"文件"选项卡中的"另存为"命令，在"保存类型"列表框中选择"网页"，并单击"发布"按钮。通过其中的"浏览"按钮选择网页上的保存路径，选中"在每次保存工作簿时自动重新发布"和"在浏览器中打开已发布的 Web 页"两个复选框，最后单击"发布"按钮即可。

在 Excel 2016 中查看 HTML 文件时，执行"文件"选项卡中的"打开"命令，在弹出的对话框的"查找范围"列表框中，选择将要打开的 HTML 文件的地址，如驱动器名称、文件夹、Web 文件夹、Web 服务器或 FTP 节点等，双击所需的 HTML 文件，即可打开该文件并查看其中的数据。

如果要在局域网中与他人共同编制工作表，则在最初建立的工作表中，在"审阅"选项卡"更改"组中单击"共享工作簿"按钮，在打开的对话框的"编辑"页面中选择"允许多用户同时编辑，同时允许工作簿合并"复选框，单击"确定"按钮后，工作簿名称后面将会显示"共享"字样。将该工作簿保存到一个共享文件夹中，则其他人可以在局域网中打开并编辑此工作簿。

5.7.2 宏的操作

如果经常在表格中重复某项任务，可以用宏自动执行该任务。宏是一系列命令和函数，是一个指令集，存储于 Visual Basic 模块中，并且在需要执行该任务时可随时运行。宏执行任务的速度比用户自己做要快得多。应用宏的场景：设定每个工作表的表头统一；将单元格设置成特定风格；每次打印都用固定的页面设置；频繁或重复地输入某些固定的内容，例如排好格式的公司地址、人员名单等；创建格式化表格；插入工作表或工作簿等。例如，可以创建一个宏，用于在工作表的每一行上输入一组日期，并在每一个单元格内居中对齐日期，然后对此行应用边框格式。还可以创建一个宏，在"页面设置"对话框中进行打印设置并打印文档。如果经常在单元格中输入长文本字符串，则可以创建一个宏来将单元格格式设置为自动换行文本。

宏的操作一般为录制宏和运行宏。

1. 录制宏

在录制宏时，Excel 2016 会存储用户操作过程中的每个步骤。在"视图"选项卡"宏"组中，单击"宏"下拉列表中的"录制宏"按钮，在打开的对话框中为新建的宏命名，确定保存位置，指定运行宏的快捷键，单击"确定"按钮后，原来的"录制宏"命令将变为"停止录制"命令。因为宏记录的是对单元格的绝对引用，所以要让宏在选择单元格时不考虑活动单元格的位置，可以单击该菜单中的"使用相对引用"按钮，然后执行正常操作。完成操作后，单击"停止录制"按钮停止宏的录制。

2. 运行宏

打开包含宏的工作簿，选择要应用宏的单元格区域，在"视图"选项卡"宏"组中，单击"宏"下拉列表中的"查看宏"按钮，在打开的对话框中选择或输入要运行的宏的名称，单击"执行"按钮，则选择的单元格区域就按照宏中记录的操作执行一次。

5.7.3　与其他程序联合使用

Excel 2016 不仅自身具有强大的功能，还可以与其他程序协同工作。

在 Word 2016 文档中要想插入一张工作表，可用以下两种方法。

① 打开 Word 2016 文档，在"插入"选项卡"文本"组中单击"对象"按钮，打开相应的对话框，在其中选择"新建"中的"新建 Excel 文件"选项，将 Excel 2016 工作表插入文档并打开工作表窗口。若工作表已存在，就选择"由文件创建"选项卡，在"文件名"框中输入已有工作表的名称；若选中"链接到文件"复选框，就在两个文件间建立了链接，同时工作表被插入 Word 2016 文档中。

② 要在 Word 2016 文档中插入一个图表，在"插入"选项卡"插图"组中单击"图表"按钮，这样一幅 Office 内置的图表实例将被插入文档，对应的工作表被打开，用户可以直接在此修改数据及图表，修改后的结果会直接体现在图表上。

思考与练习

一、思考题

1．选择不连续的单元格区域的方法是什么？

2．当某个单元格中的数字少输入一位，需要补充时，应如何操作？

3．要删除某个单元格中数字的货币格式，并保留数字内容时，应执行什么命令？

4．在单元格中输入内容后，出现###的原因是什么？

5．要等宽地改变多列的宽度，最便捷的操作方法是什么？

6．在工作表中输入各种运算符的条件是什么？

7．填充柄有什么功能？

8．如何自定义序列？

9．绝对引用和相对引用有何区别？如何在两种引用间快速转换？

10．如何只复制单元格中的公式或格式而不复制数据？

11．如何改变分页符的位置，调整打印区域的大小？

12．在工作表中按"Enter"键意味着光标移到下一个单元格，如何能在同一个单元格中换行？

二、操作题

按下述要求进行工资表的操作。此外可以利用所学知识进行其他操作练习。

1．建立一张有"部门、姓名、籍贯、入职日期、工龄、基本工资、奖金、请假天数、扣除工资、实发工资"字段的工作表，只给表中"部门、姓名、籍贯、入职日期、请假天数"列输入具体内容。

2．将标题合并居中于数据区域中部；为表格加边框；设置文字居中；为所有薪资数据加货币符号，并保留一位小数。

3．用公式或函数计算工龄、扣除工资（请假超过 2 天，每天扣 20 元）、实发工资。

4．根据表格中的数据，按照一定的条件进行筛选，并用切片器查看数据。

5．将实发工资分别生成一个柱形图和折线图，并进行编辑。

6．对不同部门员工的实发工资进行分类汇总求和，根据汇总结果制作三维饼图。

7．将实发工资生成一个迷你图。

第 **6** 章

演示文稿处理软件 PowerPoint 2016

【知识目标】

　① 掌握 PowerPoint 2016 的基础知识。

　② 熟悉 PowerPoint 2016 编辑界面。

　③ 熟悉 PowerPoint 2016 放映功能。

　④ 掌握 PowerPoint 2016 动画设置方法。

【技能目标】

　① 掌握 PowerPoint 2016 的基本操作方法。

　② 熟练运用 PowerPoint 2016 幻灯片设计与排版。

　③ 熟练运用 PowerPoint 2016 多媒体元素。

　④ 掌握 PowerPoint 2016 的设计互动内容。

【素质目标】

　① 培养学生对制作幻灯片的兴趣。

　② 使学生养成分析任务、规划任务的习惯。

　③ 培养学生分工协作的精神，使学生具有团队精神。

6.1　PowerPoint 2016 的工作环境与基本概念

6.1.1　启动和退出 PowerPoint 2016

启动 Windows 操作系统后，可以使用下面几种方法启动 PowerPoint 2016。

方法一：选择"开始"菜单"所有应用"中的"PowerPoint 2016"选项，即可启动 PowerPoint 2016。

方法二：如果桌面上设置了 PowerPoint 2016 的快捷方式图标，双击该图标即可启动 PowerPoint 2016。

方法三：选择任意 PowerPoint 文档，双击后系统将自动启动 PowerPoint 2016，同时自动加载该文档。

需要退出 PowerPoint 2016 时，可使用以下任意一种方法。

方法一：按"Alt + F4"快捷键；

方法二：单击 PowerPoint 2016 标题栏右上角的"关闭"按钮。

6.1.2　PowerPoint 2016 的窗口组成

启动 PowerPoint 2016 应用程序后，单击空白演示文稿，就进入了 PowerPoint 2016 的工作界面，如图 6-1 所示。该工作界面主要由大纲/幻灯片窗格、幻灯片编辑窗格、备注窗格组成。

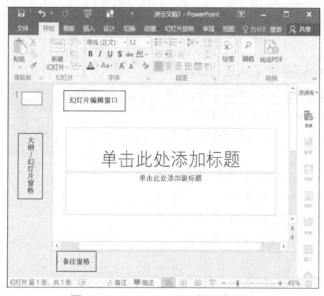

图 6-1　PowerPoint 2016 的工作界面

大纲/幻灯片窗格：以大纲的形式显示每张幻灯片中的标题和正文内容（仅限于应用了标题和正文版式的幻灯片）。

幻灯片编辑窗格：用于显示幻灯片的内容和外观，可在编辑区进行输入文本、插入图片、表格及声音等操作。

备注窗格：为当前幻灯片添加演讲备注或重要信息。

6.1.3　PowerPoint 2016 的视图方式

PowerPoint 2016 为用户提供了多种不同的视图方式，使用户在不同的工作需求条件下都能拥有舒适的加工演示文稿的工作环境。

1．普通视图

普通视图是最常见的视图方式。默认情况下，启动 PowerPoint 2016 后即可打开普通视图。在普通视图中，幻灯片、大纲和备注页集成在一个视图中，这种方式的特点是能够全面掌握演示文稿中各幻灯片的名称、标题和排列顺序，可快速在不同的幻灯片之间进行切换。选择"视图"选项卡"演示文稿视图"组中的"普通"选项，即可切换到普通视图，如图 6-2 所示。

图 6-2　普通视图

2．幻灯片浏览视图

在幻灯片浏览视图中，以缩略图的形式显示演示文稿中的多张幻灯片。在该视图方式下，用户可以从整体上浏览所有幻灯片的效果，方便地复制、移动和删除幻灯片，还可以为幻灯片添加动画效果、设置幻灯片的放映时间及切换方式等。选择"视图"选项卡"演示文稿视图"组中的"幻灯片浏览"选项，即可切换到幻灯片浏览视图，如图 6-3 所示。

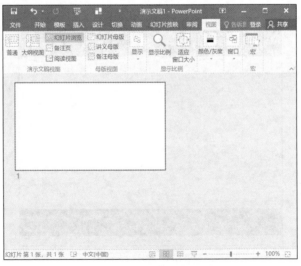

图 6-3　幻灯片浏览视图

3．备注页视图

在备注页视图中，用户可以在备注页文本框中很方便地为每一张幻灯片添加备注信息，还可以对添加的备注信息进行修改和格式设置。选择"视图"选项卡"演示文稿视图"组中的"备注页"选项，即可进入备注页视图，如图 6-4 所示。

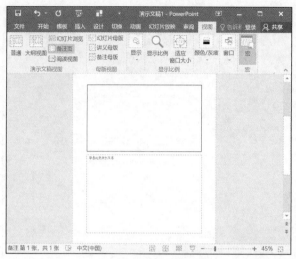

图 6-4　备注页视图

4．阅读视图

阅读视图用于放映幻灯片，并且每张幻灯片占据整个计算机屏幕。在该视图方式下幻灯片被逐张播放。用户既可以设置自动放映幻灯片，也可以设置手动放映幻灯片，还可以使用屏幕左下角的按钮控制幻灯片的放映。在放映过程中，用户可以通过按"Esc"键随时停止播放。选择"视图"选项卡"演示文稿视图"组中的"阅读视图"选项，即可切换到幻灯片阅读视图状态，如图 6-5 所示。

图 6-5　阅读视图

6.2　创建演示文稿

选择"文件"选项卡中的"新建"命令，打开图 6-6 所示的"新建演示文稿"任务窗格。在该任务窗格中,可以选择"空白演示文稿""主题""教育""图表""业务""信息图"项目,新建演示文稿。

图 6-6　"新建演示文稿"任务窗格

6.2.1　从空白幻灯片创建演示文稿

如果想制作一个具有独特外观的演示文稿,可从空白演示文稿开始,自建主题、设计背景、选择颜色和设计其他样式。创建的空白演示文稿不包含任何内容,用户可以根据自己的需求输入内容和设置格式。

创建空白演示文稿的操作步骤:选择"文件"选项卡中的"新建"选项,打开"新建演示文稿"任务窗格,单击"空白演示文稿"即可。效果如图 6-7 所示。

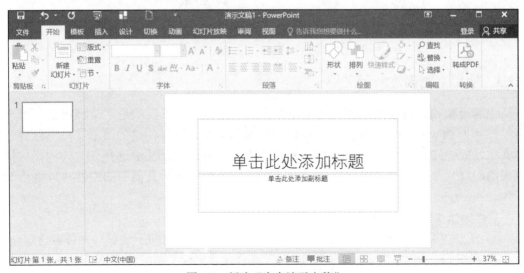

图 6-7　新建"空白演示文稿"

6.2.2 使用教育模板创建演示文稿

用户可以根据 PowerPoint 2016 的教育模板创建新的演示文稿。教育模板创建的演示文稿中已经包含了示例文字，用户可以根据自己的需要来编辑内容，教育模板不仅能帮助用户完成演示文稿相关格式的设置，还能帮助用户预置演示文稿的主要内容。

具体操作步骤如下。

① 选择"文件"选项卡中的"新建"选项，打开"新建演示文稿"任务窗格。

② 在图 6-8 所示的搜索框中输入"教育"，选择任意一种模板，在弹出的窗口中单击"创建"按钮即可。

图 6-8 使用"教育模板"创建演示文稿

6.2.3 使用主题创建演示文稿

主题是指预先设计了外观、文本图形格式、标题、位置及颜色的文档模式。用户可以选择由 PowerPoint 2016 提供的主题新建演示文稿，这样创建的演示文稿不包含示例文字。PowerPoint 2016 提供了各种专业的主题，用户可以从中选择任意一种，这样生成的幻灯片都将自动采用该主题的设计方案，从而使演示文稿中的幻灯片风格协调一致。

具体操作步骤如下。

① 选择"文件"选项卡中的"新建"选项，打开"新建演示文稿"任务窗格。

② 在图 6-9 所示的搜索框中输入"主题"，选择任意一种主题，在弹出的窗口上单击"创建"按钮即可。

图 6-9　使用"主题"创建演示文稿

6.3　演示文稿的编辑与修饰

创建好幻灯片后，即可对其进行插入、删除和复制等操作。PowerPoint 的特色之一是演示文稿的所有幻灯片都具有一致的外观。为此，就需要对幻灯片的外观加以控制。在 PowerPoint 2016 中，通常有 3 种主要的控制功能，即母版、配色方案和设计模板。利用这些功能，可以有效控制幻灯片的外观，使演示文稿的风格与讲演内容更贴切，更具有吸引力。

6.3.1　在幻灯片中输入文字

在幻灯片中输入文本的方式包括在占位符中输入文本和在文本框中输入文本。

1. 在占位符中输入文本

幻灯片中的占位符如图 6-10 所示。在占位符中输入文本的具体操作步骤如下。

① 单击要输入文本的占位符。

② 直接在占位符中输入文本，效果如图 6-11 所示。

图 6-10　占位符

图 6-11　在占位符中输入文本后的效果

③ 输入完成后，单击占位符以外的任意位置即可。

2．在文本框中输入文本

在文本框中输入文本的具体操作步骤如下。

① 选中一张需要输入文本的幻灯片。

② 选择"开始"选项卡中的"绘图"组，如图 6-12 所示。

③ 在"绘图"组中，单击"形状"下拉按钮，选择"文本框"选项，当鼠标指针变成十字形状时，按住鼠标左键并拖动至合适大小，绘制文本框。

④ 在绘制的文本框中输入文本，效果如图 6-13 所示。

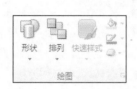

图 6-12　"绘图"工具栏

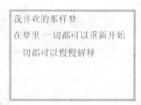

图 6-13　在文本框中输入文本后的效果

6.3.2　插入图片和艺术字对象

为了使演示文稿看起来更生动、形象，我们经常需要在文稿中加入一些图形元素。这些图形元素可以是用绘图工具手工绘制的，也可以是现成的图片，还可以是从互联网上下载的图片或者屏幕截图。此外，我们有时还可以将幻灯片中的文字图形化，使其变成具有特殊效果的艺术字。下面主要介绍如何在演示文稿中插入图片和艺术字。

1．插入图片

在演示文稿中，如果全是文本就会给人一种单调乏味的感觉。为了让演示文稿更具吸引力和说服力，适当插入图片是一种有效的方法。

（1）从文件中插入图片

PowerPoint 2016 提供了从文件中插入图片的功能，以使演示文稿更加生动。

从文件中插入图片的步骤如下。

① 选择"插入"选项卡"图像"组中的"图片"选项，打开"插入图片"对话框。

② 在"插入图片"对话框中选择一张图片，单击"插入"按钮。

（2）编辑图片

用户可以将磁盘中自己喜欢的图片插入幻灯片中并进行编辑。操作步骤如下。

选中要设置的图片后，单击"格式"选项卡，如图 6-14 所示。在图片中单击鼠标右键，在弹出的快捷菜单中选择"设置图片格式"选项，打开图 6-15 所示的"设置图片格式"任务窗格，用户可以对图片的格式进行设置。

图 6-14　"格式"选项卡

图 6-15　"设置图片格式"任务窗格

2. 使用艺术字对象

在 PowerPoint 2016 中创建艺术字体是一件简单的事情。单击"插入"选项卡中的"艺术字"按钮，在其下拉选项中选中某种艺术字式样后会出现"编辑艺术字文字"对话框。

在"文字"栏中输入文本内容，并在"开始"选项卡中单击"字体"菜单栏，对字体、字号以及其他效果进行设计。

6.3.3　插入视频和音频对象

除了可以在幻灯片中插入图片和艺术字，还可以插入多媒体文件，如视频和音频等。

1. 插入视频

在幻灯片中插入视频的操作步骤如下。

① 选择"插入"选项卡"媒体"组中的"视频"选项，弹出"联机视频"和"PC 上的视频" 2 个视频选项，如图 6-16 所示。

图 6-16　选择"视频"选项

② 根据视频文件的不同来源选择不同的插入视频方式，选中需要插入的视频文件后单击"确定"按钮，即可将视频插入幻灯片。

2. 插入音频

在幻灯片中插入音频的操作步骤如下。

① 选择"插入"选项卡"媒体"组中的"音频"选项，将弹出"PC 上的音频"和"录制音频"两个音频选项，如图 6-17 所示。

图 6-17　选择"音频"选项

② 根据音频文件的不同来源选择不同的插入音频方式，选中需要插入的音频文件后单击"确定"按钮，即可将音频插入幻灯片。

6.3.4 幻灯片中的文字设置

下面介绍如何对选择文本进行各种设置，如文本的字体、字形、字号和对齐方式等。

1. 选择文本

在 PowerPoint 2016 中，除了用鼠标拖曳选择文本外，还可以使用一些快捷方法快速选择要编辑的文本。选择文本的快捷操作如表 6-1 所示。

表 6-1　选择文本的快捷操作

选择文本	对应操作
一个词	双击该词
一个段落及其所有子段落	在该段落中的任何一处三击鼠标
单张幻灯片中的所有文本	单击大纲栏中该幻灯片的图标
大纲栏中整个文稿的所有文本	按"Ctrl + A"快捷键

2. 设置文本的字体、字形和字号

选择要编辑的文本后，根据需要，使用"字体"工具栏中的字体、字形及字号等工具按钮，即可实现特定格式的设置。

3. 设置文本段落对齐方式

文本段落对齐方式是指文本在页面中水平和垂直的排列方式。在 PowerPoint 2016 中有 5 种文本对齐方式，即左对齐、右对齐、居中、两端对齐和分散对齐，系统默认的文本对齐方式为左对齐。

4. 设置文本对齐方式

文本的文字方向有"横排""竖排""所有文字旋转 90°""所有文字旋转 270°""堆积"5 种。当文字方向为"横排"时，垂直对齐方式有"顶端对齐""中部对齐""底端对齐""顶部居中""中部居中""底部居中"6 种；当文字方向为其他 4 种时，垂直对齐方式有"右对齐""居中""左对齐""中部靠右""中部居中""中部靠左"6 种。

设置文本对齐方式的步骤如下。

① 选择要设置对齐方式的文本或文本段落。

② 在"开始"选项卡"段落"组中，选择"对齐文本"下的相应选项。

5. 调整行距

在 PowerPoint 2016 中，用户可以对系统默认的行距进行调整，这样在文本内容太多或太少时，就可以相应地减少或增加行距，以保证幻灯片的美观。操作方法如下。

① 选择需要调整行距的文本段落。

② 选择"开始"选项卡"段落"组中的"行距"选项，弹出"行距选项"对话框。

③ 在"行距"框中选择或输入新的行距值。

④ 如有必要，分别在"段前"或"段后"框中，选择或输入新的行距值。

⑤ 如果对设置的效果满意，则单击"确定"按钮退出，否则单击"取消"按钮。

6．使用项目符号与编号

项目符号和编号用于对一些重要条目进行标注或编号，用户可以为选择的文本或占位符添加项目符号或编号，还可以使用图形项目符号。可以在 PowerPoint 2016 的大纲、幻灯片或备注页窗格中将编号应用到文本。

（1）项目符号

添加项目符号的方法：将插入点移动到需要设置项目符号的段落中；选择"开始"选项卡"段落"组中的"项目符号"选项，打开图 6-18 所示的"项目符号"任务窗格；选择项目符号，或单击其中的"项目符号和编号"按钮，打开"项目符号和编号"对话框，如图 6-19 所示。

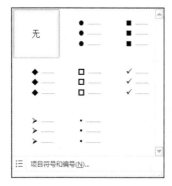

图 6-18　"项目符号"任务窗格　　　　图 6-19　"项目符号和编号"对话框

PowerPoint 2016 提供了默认的几种项目符号样式，如果用户不喜欢原有的项目符号，可以重新设置，方法如下。在"项目符号和编号"对话框中，选择一种项目符号后，单击"自定义"按钮打开"符号"对话框，在其中选择一种符号作为项目符号。

为了达到特殊效果，用户还可以选择图片作为项目符号，方法如下。在"项目符号和编号"对话框中，单击"图片"按钮，打开 "图片项目符号"对话框，选择某张图片作为项目符号。

如果用户想删除项目符号，可以采用以下几种方法。

方法一：将插入点放到要删除项目符号的段落最前面，按"Backspace"键。

方法二：将插入点放到要删除项目符号的段落上，单击"开始"选项卡中的"项目符号"按钮，在打开的"项目符号"任务窗格中选择"无"。

（2）编号

在 PowerPoint 2016 中，向文本添加编号的过程与在 Word 2016 中的操作相似。要在列表中快速添加编号，请选择文本或占位符，然后选择"开始"选项卡"段落"组中的"项目编号"选项。要从列表的多种编号样式中进行选择，或者更改列表的颜色、大小或起始编号，则在"项目符号和编号"对话框中，单击"编号"选项卡。

6.3.5　幻灯片的选择、插入、复制和删除

创建好幻灯片后，即可对其进行选择、插入、复制和删除等操作。

1．选择幻灯片

在执行编辑幻灯片命令之前，首先要选择命令作用的范围。在不同视图下，选择幻灯片的方式也不尽相同。在普通视图和备注页视图中，当前显示的幻灯片就是被选中的，不必额外单击它。在幻灯片浏览视图中，单击幻灯片就可以选择整张幻灯片。若要选择不连续的几张幻灯片，按住"Ctrl"键，再单击其他要选择的幻灯片；若要选择连续的几张幻灯片，先单击第一张幻灯片，再按住"Shift"键，单击最后一张幻灯片即可。

2．插入幻灯片

在 PowerPoint 2016 的普通视图、备注页视图和幻灯片浏览视图中都可以创建一个新的幻灯片。在普通视图中创建的新幻灯片将排列在当前正在编辑的幻灯片的后面。在幻灯片浏览视图中增加新的幻灯片时，其位置将在当前光标或当前所选幻灯片的后面。新建幻灯片可以选择"开始"选项卡中的"新建幻灯片"选项。

3．复制幻灯片

如果用户当前创建的幻灯片与已存在的幻灯片的风格基本一致，采用复制一张新的幻灯片的方法更方便，只需要在其原有基础上做一些必要的修改。首先选择要复制的幻灯片，然后选择"开始"选项卡中的"复制"命令，移动光标至目标位置，再选择"开始"选项卡中的"粘贴"选项，将幻灯片复制到光标所在幻灯片的后面。在"开始"选项卡中的"复制"选项右边的下拉箭头中选择 ，可在当前位置插入前一张幻灯片的副本。在"粘贴"选项的下拉列表中，可以选择粘贴的幻灯片是采用目标主题还是保留源格式。

此外，使用"Ctrl + C"和"Ctrl + V"快捷键也可以分别完成幻灯片的复制和粘贴操作。

4．删除幻灯片

幻灯片的删除操作比较简单，用户只需要选中幻灯片后按"Delete"键，即可将选中的幻灯片删除，并且位于该幻灯片之后的幻灯片会依次前移。

6.3.6　使用幻灯片母版

幻灯片的母版实际上就是一种特殊的幻灯片，它包括幻灯片文本和页脚等占位符，这些占位符控制了幻灯片的字体、字号、颜色、阴影和项目符号样式等版式要素。可以将母版看作一个用于构建幻灯片的框架，通过母版，用户可以统一整个演示文稿的格式，如果更改了幻灯片母版，则会影响所有基于该母版的演示文稿。通常情况下，母版分为幻灯片母版、讲义母版、备注母版 3 种形式。

1．建立幻灯片母版

如果用户想对幻灯片母版进行设置，可以按以下步骤进行操作。

① 启动 PowerPoint 2016，打开一个演示文稿。

② 选择"视图"选项卡"母版视图"组中的"幻灯片母版"选项，进入幻灯片母版视图状态，如图 6-20 所示。此时"幻灯片母版视图"工具条也随之被展开。

③ 在"单击此处编辑母版标题样式"字符上单击鼠标右键，在弹出的快捷菜单中设置好相应的选项。

④ 然后分别在"编辑母版文本样式"及下面的"第二级、第三级……"字符上单击

鼠标右键，仿照上面第③步的操作步骤设置好相关格式。

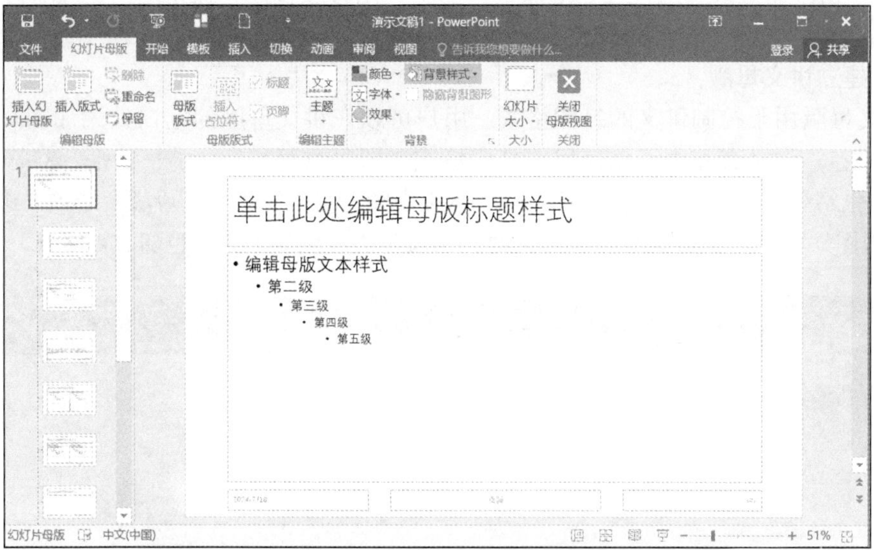

图 6-20　"幻灯片母版视图"

⑤ 分别选中"编辑母版文本样式""第二级、第三级……"等字符，选择"项目符号"或"编号"选项，打开"项目符号"或"编号"对话框，设置一种项目符号样式后单击"确定"按钮退出，即可为相应的内容设置不同的项目符号样式。

⑥ 选择"插入"选项卡中的"页眉和页脚"选项，打开"页眉和页脚"对话框，如图6-21 所示，切换到"幻灯片"标签页，即可对日期区、页脚区、数字区进行格式化设置。

图 6-21　"页眉和页脚"对话框

⑦ 选择"插入"选项卡"图像"组中的"图片"选项，定位到事先准备好的图片所在的文件夹，选中该图片将其插入母版，并调整到合适的位置上。

⑧ 全部修改完，选择"幻灯片母版视图"选项卡"编辑母版"组中的"重命名"选

项，打开"重命名版式"对话框，输入一个名称，单击"重命名"按钮返回。

⑨ 单击"幻灯片母版视图"选项卡中的"关闭母版视图"按钮退出，"幻灯片母版"制作完成。

2．建立讲义母版

讲义母版用于控制讲义的打印格式，用户可以在讲义母版的空白处添加图片、文字说明等内容。讲义有 6 种可以使用的打印格式，即每页可打印 1 张、2 张、3 张、4 张、6 张和 9 张幻灯片。选择"视图"选项卡"母版视图"组中的"讲义母版"选项，进入"讲义母版视图"状态，如图 6-22 所示，此时"讲义母版视图"工具条也随之被展开。

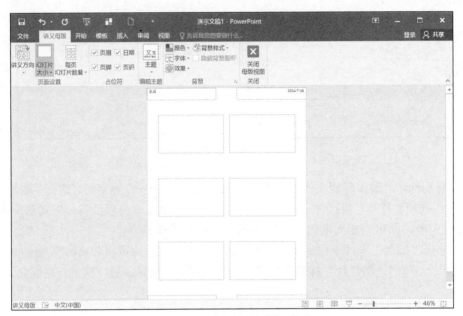

图 6-22　"讲义母版视图"状态

"讲义母版视图"包括 4 个占位符，分别为页眉区、日期区、页脚区和页码区。这些文本占位符的设置方法与前面介绍的幻灯片母版的设置方法相同。讲义母版视图中有多个虚线框，用于表示每页包含的幻灯片数量。用户可通过单击讲义母版工具栏中的工具按钮，设置每页显示的幻灯片的数量。

3．建立备注母版

PowerPoint 2016 为每张幻灯片都设置了一个备注页，供用户添加备注信息。备注母版用于统一控制备注页的版式，使所有备注页具有统一的外观。选择"视图"选项卡"母版视图"组中的"备注母版"选项，即可进入"备注母版视图"，如图 6-23 所示。

备注母版的上方是幻灯片缩略图，用户可对其大小、位置、格式等进行设置；备注母版的下方是备注文本区，单击其四周的虚线框，可将其选中。用户可以通过拖动其周围的控制点来改变文本框的大小；也可以将光标置于文本框内，对其中的文本格式进行相应的设置；还可以根据需要在备注页上添加图片或其他对象。设置完成后，单击"备注母版"选项卡中的"关闭母版视图"按钮，即可退出备注母版，返回到普通视图中。

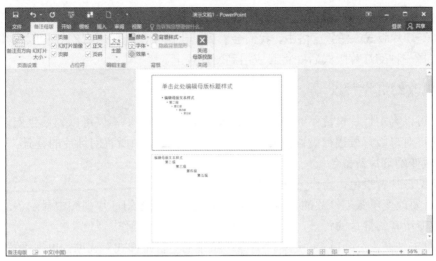

图 6-23　"备注母版视图"

6.3.7　设置幻灯片版式

幻灯片版式即幻灯片里面元素的排列组合方式。创建新幻灯片时，可以从预先设计好的幻灯片版式中进行选择。例如，有一个版式包含标题、文本和图表占位符，而另一个版式包含标题和剪贴画占位符。用户可以移动或重置其大小和格式，使之与幻灯片母版不同，也可以在创建幻灯片之后修改其版式。应用一个新的版式时，所有的文本和对象都将保留在幻灯片中，但是可能需要重新排列它们以适应新版式。

确定一种幻灯片版式后，有时还可能需要更换。更换幻灯片版式的操作步骤如下。

① 在"开始"选项卡中，选择"幻灯片"组中的"幻灯片版式"选项，打开"幻灯片版式"任务窗格，如图 6-24 所示。

图 6-24　"幻灯片版式"任务窗格

② 在 PowerPoint 2016 版本中，幻灯片的版式是与主题联系在一起的，所以在图 6-24 所示的"幻灯片版式"任务窗格中，我们会看到基于两个主题的所有幻灯片版式都显示在其中。选择一种幻灯片版式后并将其应用到幻灯片上。

6.3.8 更改幻灯片背景

用户可以为幻灯片设置不同的颜色、图案或者纹理背景，不仅可以为单张幻灯片设置背景，还可对母版背景进行设置，从而快速改变演示文稿中所有幻灯片的背景。

1. 改变幻灯片背景色

改变幻灯片背景色，操作方法如下。

① 若要改变单张幻灯片的背景，可以在普通视图或者幻灯片视图中显示该幻灯片。如果要改变所有幻灯片的背景，可以进入幻灯片母版进行操作。

② 单击"设计"选项卡，选择"背景"组中的"背景样式"选项，出现"背景样式"选择框，如图 6-25 所示。

③ 选择相应的背景样式并将其应用到幻灯片中。

2. 改变幻灯片的填充效果

改变幻灯片的填充效果，操作方法如下。

① 若要改变单张幻灯片的背景，可以在普通视图或者幻灯片视图中选择该幻灯片。

② 在"背景样式"选择框中选择"设置背景格式"选项，如图 6-25 所示，打开"设置背景格式"任务窗格，如图 6-26 所示。

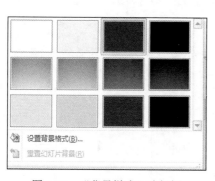

图 6-25 "背景样式"选择框

图 6-26 "设置背景格式"任务窗格

③ 在"填充"选项卡中设置相应的填充效果。

在"渐变填充"单选框中，选择填充颜色的过渡效果，可以设置一种颜色的浓淡效果，或者设置从一种颜色逐渐变化到另一种颜色；在"图片或纹理填充"单选框中，可以选择填充纹理；在"图案填充"单选框中，选择填充图案。

若要将更改应用到当前幻灯片，可单击"关闭"按钮，若要将更改应用到所有的幻灯片和幻灯片母版，可单击"全部应用"按钮。单击"重置背景"按钮可撤销背景设置。

6.3.9　备注和讲义

1. 幻灯片备注

在普通视图或大纲视图方式下，我们可以看到演示文稿中每张幻灯片下边都留有一部分空白区域，这是为演讲者填写该幻灯片的解释说明及一些备注内容而准备的。放映时，可以对照备注页的内容进行演讲，以防止有些内容被遗漏。而此时公众看到的只是幻灯片上的内容，看不到备注页。如有需要，备注内容也可打印出来分发给观众以帮助他们理解演讲内容。

2. 讲义

为了让观众能更好地理解演示的内容，有时需要将整个演示文稿打印出来作为讲义分发给与会者。打印时，要注意将打印对话框中"打印内容"一项改为"讲义"，并设置每页可打印的幻灯片数量。如果还有特殊的要求，可以先在幻灯片母版中添加必要的内容。

6.4　幻灯片的放映

在计算机上播放的演示文稿称为电子演示文稿，它将幻灯片直接显示在计算机的屏幕上。与传统的实体幻灯片相比，电子演示文稿的一个显著特点是可以在幻灯片之间增加美妙的切换效果，以及设置幻灯片放映时的动画效果。

6.4.1　幻灯片中对象动画效果的制作

在演示文稿中添加适当的动画效果，可以更好地吸引观众的注意力。PowerPoint 2016可以为幻灯片添加丰富的动画效果，显著增加幻灯片的吸引力。

1. 应用自定义动画效果

在幻灯片放映时，可以为某些特定的对象增加动画，这些对象包括幻灯片标题、幻灯片字体、文本、图形、多媒体等。例如，对于含有层次小标题的对话框，可以让所有的层次小标题同时出现或逐个显示，或者在展示图片时添加鼓掌的声音。

应用自定义动画效果的操作步骤如下。

① 在普通视图中，选择要设置动画效果的幻灯片。

② 选择"动画"选项卡，此时将出现"动画效果"任务窗格，如图 6-27 所示。

图 6-27　"动画效果"任务窗格 1

③ 选中要设置动画效果的文本或者对象。如果要设置的动画效果出现在当前任务窗格中，则选中它；如果没有出现，可单击"动画窗格"右侧的下拉列表，弹出"动画效果"

任务窗格，如图 6-28 所示。从中选择某类动画效果，包括"进入"效果、"强调"效果、"退出"效果和"动作路径"效果。从某类效果中选择某个特定的动画效果（比如进入的飞入效果）。

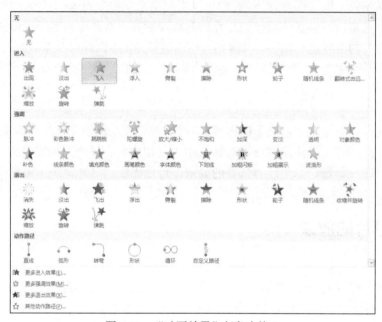

图 6-28 "动画效果"任务窗格 2

④ 如果弹出的菜单中没有要设置的动画效果（例如"彩色延伸"的强调效果），选择"更多强调效果"选项，出现"添加强调效果"对话框，如图 6-29 所示，选择"彩色延伸"强调效果。

⑤ 对设置好的动画效果更改效果选项，可以单击"动画效果"任务窗格 1 中的"效果选项"，打开"效果选项"库，如图 6-30 所示，选择相应的效果选项。

图 6-29 "添加强调效果"对话框

图 6-30 "效果选项"库

⑥ 在"动画"选项卡的"计时"组中还可设置动画效果的计时效果。可以选择一种动画效果的开始方式，如果选择"单击时"，表示在鼠标单击时播放该动画效果；如果选择"与上一动画同时"，表示该动画效果和前一个动画效果同时播放；如果选择"上一动画之后"，表示该动画效果在前一个动画效果播放完毕后自动播放。在"持续时间"框中，可以设置动画的播放持续时间。在"延迟"框中可设置出现该动画之前的等待时间。

⑦ 通过以上设置，动画效果列表会按次序显示在"动画窗格"中，同时在幻灯片窗格中的相应对象上会显示动画效果标记。"动画窗格"的显示可通过"高级动画"组中的"动画窗格"按钮来完成。

⑧ 如要修改动画效果，可单击"动画效果"库中的其他动画效果。

⑨ 如要在已设置动画效果的对象上再添加一个动画效果。例如，希望某一对象同时具有"进入"和"退出"效果，或者希望项目符号列表以某种方式进入，然后以另一种方式强调每一要点，可单击"动画"选项卡中的"添加动画"按钮。

⑩ 如果对设置的动画效果不满意，单击"动画"库中的"无"，可以删除选择的动画效果。

2. 设置自定义动画效果

如果要进一步自定义动画效果，可以按以下步骤进行设置。

① 在"动画窗格"列表中，选择要设置的动画效果。

② 单击列表右边的下拉按钮，在弹出的菜单中选择"效果选项"，打开相应效果选项对话框，如图 6-31 所示。

图 6-31　"飞入"效果选项对话框

③ 在"效果"选项卡中可以设置动画播放方向、动画增强效果等。

④ 单击"计时"选项卡，打开"飞入"效果计时对话框，可以设置动画播放触发动作、延迟时间等，如图 6-32 所示。

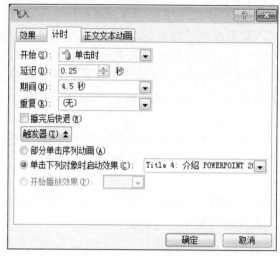

图 6-32　"飞入"效果计时对话框

3．复制动画效果

PowerPoint 2016 新增了名为动画刷的工具，它允许用户把现成的动画效果复制到其他 PowerPoint 页面中，用户可以快速地制作 PowerPoint 动画。PowerPoint 2016 的动画刷使用起来非常简单，选择一个带有动画效果的 PowerPoint 幻灯片元素，单击 PowerPoint 功能区"动画"选项卡"高级动画"中的动画刷按钮，或直接使用动画刷的快捷键：ALT + SHIFT + C。这时，鼠标指针会变成带有小刷子的样式，与格式刷的指针样式差不多。将鼠标移动到需要复制动画效果的页面，在目标元素上单击鼠标，动画效果即被复制。

6.4.2　播放效果的设置

切换效果是添加在幻灯片上的一种特殊的播放效果。在演示文稿放映过程中，切换效果可以通过各种方式展示幻灯片，也可以在切换的同时播放声音。设置幻灯片的切换效果的操作步骤如下。

① 选中要设置切换效果的幻灯片，选择"切换"选项卡，如图 6-33 所示。

图 6-33　"切换"选项卡

② 在"切换到此幻灯片"组中选择要应用的切换方式，如"切出"。

③ 在"效果选项"中选择幻灯片的切换方向。

④ 如果要为幻灯片切换效果设置音效，则可打开"声音"下拉列表框，在其中选择一种声音，如"风铃声"。

⑤ 在"换片方式"组中选择幻灯片的切换方式。如果想要手动切换，则可选中"单击鼠标时"复选框；如果要设置自动切换方式，则可选中"每隔"复选框，并在后面的微

调框中输入间隔时间。

⑥ 单击"全部应用"按钮，将切换效果应用到演示文稿所有的幻灯片上。

⑦ 单击左侧的"预览"按钮，预览所设置的切换效果。

6.4.3　制作具有交互功能的演示文稿

PowerPoint 允许用户在演示文稿中创建超链接，这些超链接可以被附加到文本、图片等对象上。创建超链接后，当用户放映幻灯片时，将鼠标指针指向创建的超链接，鼠标指针会变成"手形"，单击它即可跳转到链接指向的目标位置。添加超链接的文本会带有下划线，且文本会采用与配色方案相同的颜色。除此之外，用户还可以为超链接的对象设置动作，以增强链接效果。在 PowerPoint 2016 中，用户可以使用两种不同的方法创建超链接。

1．通过常规方法创建超链接

通过常规方法创建超链接的操作步骤如下。

① 在幻灯片中选择要创建超链接的文本或对象。

② 选择"插入"选项卡"链接"组中的"链接"选项，弹出"插入超链接"对话框，如图 6-34 所示。

③ "链接到"选择区提供了 4 个选项，分别为现有文件或网页、本文档中的位置、新建文档和电子邮件地址。用户可通过这几个选项设置链接到的位置。

图 6-34　"插入超链接"对话框

④ 设置好链接地址后，单击"确定"按钮即可。

2．通过插入动作按钮创建超链接

除了使用上述方法创建超链接外，用户还可以通过插入动作按钮来创建超链接。具体操作步骤如下。

① 在普通视图下，选中要插入动作按钮的幻灯片。

② 选择"插入"选项卡"插图"组中的"形状"选项，在形状类型中选择"动作按钮"，选择一种动作按钮（如"前进"按钮），如图 6-35 所示。

③ 将鼠标指针移到幻灯片上欲放置动作按钮的位置，然后按住鼠标左键拖动以调整按钮大小，释放鼠标左键后，将弹出"操作设置"对话框，如图 6-36 所示。

图 6-35　"动作按钮"类型

图 6-36　"操作设置"对话框

④ 可以设置鼠标的动作为单击或悬停。选中"超链接到"单选框，在下拉列表框中选择要跳转到的位置。如果要链接到本演示文稿中其他幻灯片，可以选择"幻灯片"命令；选择"运行程序"可以启动某个应用程序；若要添加动作声音，则选中"播放声音"复选框。

⑤ 单击"确定"按钮。

6.4.4　播放演示文稿

完成所有准备工作后，用户就可以放映幻灯片了。根据幻灯片的用途和观众的需求，可以选择不同的放映方式。

1．放映演示文稿

在 PowerPoint 2016 中，主要有以下几种启动放映方法。

① 单击 PowerPoint 2016 状态栏右侧的"幻灯片放映"按钮，可以从当前幻灯片开始放映。

② 选择"幻灯片放映"选项卡中的"从头开始"选项，从第一张幻灯片开始放映。放映时，屏幕上将显示一张幻灯片的内容。

③ 直接按"F5"键。

第一种方法将从演示文稿的当前幻灯片开始播放，而其他两种方法将从第一张幻灯片开始播放。

2．控制幻灯片的前进

放映幻灯片时，可以使用以下几种方法控制幻灯片的前进：按"Enter"键；按空格键；鼠标单击；单击鼠标右键，在弹出的快捷菜单中选择"下一张"；按"PageDown"键；

按向下或向右方向键；在屏幕的左下角单击"下一页"按钮。

3．控制幻灯片的后退

放映幻灯片时，可以使用以下几种方法控制幻灯片的后退：单击鼠标右键，在弹出的快捷菜单中选择"上一张"；按"Backspace"键；按"PageUp"键；按向上或向左方向键；在屏幕的左下角单击"上一页"按钮。

4．幻灯片的退出

放映幻灯片时，可以使用以下几种方法退出幻灯片的放映：按"Esc"键；单击鼠标右键，在弹出的快捷菜单中选择"结束放映"；在屏幕的左下角单击▬按钮，在弹出的菜单中选择"结束放映"。

6.4.5　放映过程中的记录

在演示文稿放映过程中，用户可以在幻灯片上直接进行书写或绘画，以引起听众的注意。具体操作步骤如下。

在幻灯片播放过程中，单击鼠标右键，在弹出的快捷菜单中选择"指针选项"下拉菜单中的"笔"或"荧光笔"等工具，此时，鼠标指针将变成一支相应的"笔"，用户可以在屏幕上随意书写或绘画。

6.4.6　排练计时和录制幻灯片演示

1．排练计时

打开要设置放映时间的演示文稿，选择"幻灯片放映"选项卡中的"排练计时"选项，此时开始排练放映幻灯片，同时开始计时。在屏幕上，除显示幻灯片外，还有一个"录制"对话框，如图 6-37 所示，该对话框中有时钟、记录当前幻灯片的放映时间。当前幻灯片放映时间结束，准备放映下一张幻灯片时，单击带有箭头的换页按钮，即开始记录下一张幻灯片的放映时间。如果认为该时间不合适，可以单击"重复"按钮，对当前幻灯片重新计时。放映到最后一张幻灯片时，屏幕上会显示一个确认的消息框，如图 6-38 所示，询问是否接受已确定的排练时间。设置好幻灯片的放映时间后，就可以按照设置的时间进行自动放映。

图 6-37　"录制"对话框

图 6-38　确认排练计时对话框

2．录制幻灯片演示

在 PowerPoint 2016 "幻灯片放映"选项卡找到"录制幻灯片演示"功能，单击之后出现"录制幻灯片演示"对话框，如图 6-39 所示，默认勾选"幻灯片和动画计时"与"旁白、墨迹和激光笔"复选框，此处需要用户根据实际需要去选择。单击"开始录制"按钮，开始放映并录制幻灯片。幻灯片结束放映时，录制结束并将录制内容自动保存在演示文稿中。当放映演示文稿时，所录制的幻灯片和动画计时及旁白、墨迹和激光笔都会播放出来。如果要清除录制的计时和旁白，可选择"录制幻灯片演示"下的"清除"选项。如果要清除这些录制内容，可在"幻灯片放映"选项卡的"设置"组中，单击"录制幻灯片演示"按钮，在下拉菜单中选择"清除"子菜单中的相应命令，如图 6-40 所示。

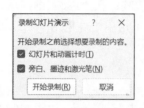

图 6-39　录制幻灯片演示

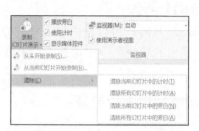

图 6-40　清除录制内容

6.5　演示文稿的输出与发布

PowerPoint 2016 为用户提供了多种保存和输出演示文稿的方法，用于满足不同情况的需要。

6.5.1　打印输出演示文稿

对演示文稿进行页面设置和打印预览后，就可以打印演示文稿了。打印演示文稿的具体操作步骤：选中要打印的演示文稿，选择"文件"选项卡中的"打印"选项，即可弹出"打印"对话框；在"打印机"下拉列表中选择打印机名称；在"设置"区域中设置幻灯片的打印范围；在"颜色/灰度"下拉列表中设置打印颜色；在"打印份数"微调框中输入需要打印的份数，依次完成相关的设置，单击"确定"按钮便可以开始打印。

6.5.2　打包演示文稿

在很多情况下，需要将制作好的演示文稿传送到其他用户的计算机中进行播放。但是，如果用户的计算机没有安装 PowerPoint，则无法播放演示文稿。这时，用户将 PowerPoint 及制作的演示文稿组合刻录在一张 CD 上，其他用户也可以通过该 CD 播放演示文稿，该过程被称为打包演示文稿。打包演示文稿的具体操作步骤如下。

① 打开要打包的演示文稿。

② 选择"文件"选项卡中的"导出"选项，打开"打包成 CD"对话框，如图 6-41 所示。

③ 在"将 CD 命名为"输入框中输入打包后演示文稿的名称。如果需要打包多个演示文稿，可单击"添加文件"按钮，在弹出的对话框中选择多个演示文稿，将它们添加到该 CD 中。

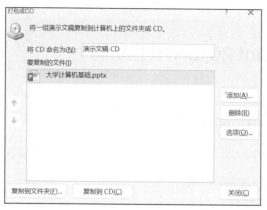

图 6-41 "打包成 CD"对话框

④ 单击"选项"按钮，弹出"选项"对话框，如图 6-42 所示。

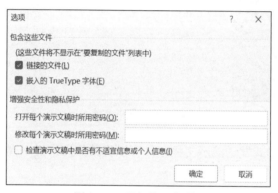

图 6-42 "选项"对话框

⑤ 用户可在"选项"对话框中选择 CD 中将要包含的文件。设置好相关参数后，单击"确定"按钮，可保存设置并返回到"打包成 CD"对话框。

⑥ 单击"复制到文件夹"按钮，可在弹出的"复制到文件夹"对话框中将当前文件复制到指定的位置，如图 6-43 所示；单击"复制到 CD"按钮，可弹出刻录机托盘并打开"正在将文件复制到 CD"对话框，此时，用户可将一张空白的光盘放入刻录机以进行刻录。

图 6-43 "复制到文件夹"对话框

⑦ 刻录完成后，单击"关闭"按钮完成整个打包过程。

6.6 PowerPoint 2016 的其他功能

6.6.1 PowerPoint 2016 的网上发布

打开"文件"选项卡中的"导出"子菜单，从中选择一种发送方式，如图 6-44 所示。

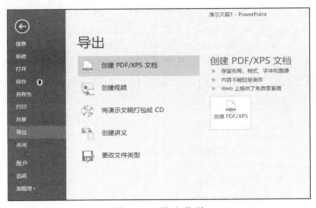

图 6-44 导出菜单

例如以电子邮件形式发送演示文稿时，可以将其作为讲义、视频、PDF 或 XPS 形式导出。

6.6.2 PowerPoint 2016 与其他程序联合使用

可以利用 Word 与 PowerPoint 的协作功能，在不同程序中使用同样的内容并进行编辑。

1．将 Word 文档发送到 PowerPoint 文稿中

在 PowerPoint 2016 中，选择"插入"选项卡"文本"组中的"对象"选项，打开"插入对象"对话框，如图 6-45 所示，在"由文件创建"选项中选择要插入的 Word 文档，确定后该文档将被插入 PowerPoint 2016 中。

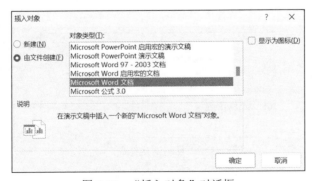

图 6-45 "插入对象"对话框

2．使用发送命令

在 PowerPoint 2016 中，选择"文件"选项卡中的"选项"选项，打开"选项"对话框，如图 6-46 所示。在该对话框中进行选择，将"在 Microsoft Word 中创建讲义"添加到快速访问工具栏中。单击工具栏中的该按钮，打开相应的对话框，如图 6-47 所示。选择备注的位置及幻灯片与 Word 文档的链接方式后单击"确定"按钮，将自动创建一个Word 文档并将所有的幻灯片导入该文档中。

图 6-46　"选项"对话框

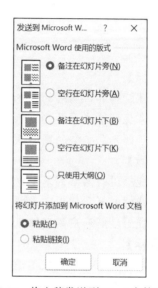

图 6-47　将文稿发送到 Word 中的选项

思考与练习

1．分别简述在 PowerPoint 2016 中插入图片和艺术字的步骤。
2．分别简述在 PowerPoint 2016 中插入声音和视频的步骤。
3．描述如何设置幻灯片的切换效果。
4．试制作一个有动画效果的演示文稿。
5．简述打印演示文稿的方法。

第 **7** 章

计算机网络基础知识

【知识目标】
- ① 理解计算机网络的基本概念，包括定义、发展、组成和分类。
- ② 掌握网络体系结构，例如 OSI 模型、TCP/IP 模型。
- ③ 了解不同类型的网络设备，如物理层网络设备、网络层网络设备等。

【技能目标】
- ① 能够进行网络的基本操作，包括制作网线、测试网络连通性。
- ② 能够配置和使用常见的网络设备，实现网络的搭建和维护。
- ③ 能够理解和应用网络服务，并进行基本的故障排除。

【素质目标】
- ① 培养良好的信息技术道德观念，形成正确的网络使用习惯和安全意识。
- ② 提高自主学习和解决问题的能力，适应网络技术的快速发展。
- ③ 增强团队合作精神，通过小组合作完成网络项目的规划、实施和管理。

7.1　计算机网络概述

7.1.1　计算机网络的定义

近年来计算机网络得到迅猛发展。所谓计算机网络，就是指利用通信设备和线路，将地理位置不同、功能独立的多个计算机系统互联，按照网络协议进行数据通信，由功能完善的网络软件（即网络通信协议、信息交换方式和网络操作系统）实现网络中的资源共享和信息传递的计算机系统。

在计算机网络出现以前，大多数个人计算机只是作为单机独立使用。如今，可以通过网络向经过授权的用户提供网络接入的共享资源——硬件、软件及数据。网络的普及极大地改变了计算机的本质。计算机网络的出现，也为用户构建分布式的网络计算环境提供了基础。计算机网络的功能主要体现在以下 4 个方面。

1. 数据通信

数据通信或数据传输是计算机网络最基本的功能之一。利用这一功能，在地理上分散的计算机就可以通过网络连接起来，人们可以很方便地进行数据传递和信息交换。例如，电子邮件和新闻发布就是典型的数据通信方面的应用。

2．资源共享

计算机网络的资源共享包括共享硬件资源、软件资源和数据资源。计算机网络可以使网络中的各单位互联互通、分工协作，从而显著地提高资源的利用率。

3．提高可靠性与可用性

通过网络，各台计算机可互为后备机。当某台计算机出现故障时，其任务可由其他计算机处理以避免系统瘫痪，从而提高可靠性。同样，当网络中某台计算机负载过重时，也可将其任务的一部分转交给其他空闲的计算机完成，这样就能提高网络中每台计算机的可用性。

4．易于进行分布式处理

可以把待处理的任务按一定的算法分散到网络中的各台计算机上，并利用网络环境进行分布式处理并建立分布式数据库系统，从而达到均衡使用网络资源、实现分布式处理的目的。

7.1.2　计算机网络的发展

计算机网络技术的发展与应用的广泛程度是前人未能预料的，追溯计算机网络的发展历史，它的演变可以概括为面向终端的计算机通信网络、计算机—计算机网络、体系结构标准化网络、互联网的广泛应用与高速网络技术的发展 4 个阶段。

1．面向终端的计算机通信网络

计算机网络产生于 20 世纪 50 年代初期。最初的计算机网络是将一台计算机经过通信线路与若干台终端直接相连，计算机处于主控地位，承担数据处理和通信控制的工作；而终端一般只具有输入/输出功能，处于从属地位。通常将这种具有通信功能的计算机系统称为第一代计算机网络，即面向终端的计算机通信网络。

随着连接终端数量的增多，为减轻承担数据处理的中心计算机的负载，人们在通信线路和中心计算机之间设置了一个前端处理器（FEP）或通信控制器（CCU），专门负责与终端之间的通信控制，从而实现了数据处理和通信控制的分工，从而更好地发挥中心计算机的数据处理能力。另外，在终端较集中的地区，还设置了集线器或复用器，它们首先通过低速线路将附近集群的低速终端连接至集线器或复用器，然后通过高速通信线路，将实施数字信号和模拟信号之间转换的调制解调器与远程中心的计算机前端处理器相连，构成图7-1 所示的远程联机系统，从而提高通信线路的利用率，降低远程通信线路的建设成本。

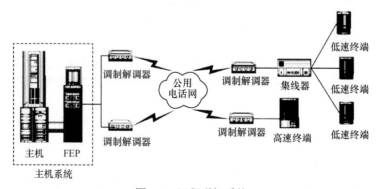

图 7-1　远程联机系统

2．计算机—计算机网络

20 世纪 60 年代中期，出现了由若干个计算机互联的系统，开创了"计算机—计算机"通信的时代，并呈现出多处理中心的特点。20 世纪 60 年代后期，ARPA 网由 ARPA（现称 DARPA，美国国防部高级研究计划署）提供经费，联合计算机公司和大学共同研制，标志着计算机网络的兴起。ARPA 网的主要目标是借助通信系统，使网内各计算机系统间能够共享资源。ARPA 网是一个成功的系统，它是计算机网络技术发展中的一个里程碑，它在概念、结构和网络设计方面为后续计算机网络技术的发展起到了重要的引导作用，并为互联网的形成奠定了基础。

这一时期的计算机网络将多个单处理机的联机终端网络连接起来，形成了以多处理机为中心的网络，为用户提供服务。此外，为了减轻主机的负荷，使其专注于计算任务，人们还设置了专门的通信控制处理机（CCP）负责与终端进行通信，把通信任务从主机中分离出来。主机间的通信通过 CCP 的中继功能间接进行，如图 7-2 所示。由 CCP 组成的传输网络称为通信子网。CCP 负责网上各主机间的通信控制和通信处理，它们组成的通信子网是网络的内层，或称为骨架层。网上主机负责数据处理，是计算机网络资源的拥有者，它们组成了网络的资源子网，是网络的外层。通信子网为资源子网提供信息传输服务，资源子网上用户间的通信建立在通信子网的基础上。若没有通信子网，则网络不能工作；而若没有资源子网，则通信子网的信息传输也失去了意义。因此，这两者结合起来就组成了统一的资源共享的两层网络。

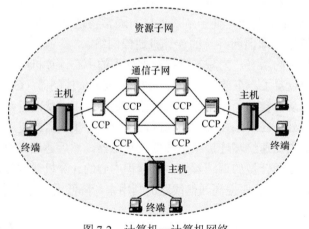

图 7-2　计算机—计算机网络

这一时期的网络特点：连接到网络中的每台计算机本身就是一台完整的独立设备，这些计算机可以独立启动、运行和关闭，所有用户都可以共享系统的硬件、软件和数据资源。

此后，计算机网络得到了迅猛发展，各大计算机公司都相继推出了自己的网络体系结构和相应的软硬件产品。用户只需要使用计算机公司提供的网络产品，就可以通过专用或租用通信线路组建计算机网络。例如，IBM 公司的 SNA 和 DEC 公司的 DNA，凡是按 SNA 组建的网络都可称为 SNA 网，而按 DNA 组建的网络都可称为 DNA 网或 DECNET。

3．体系结构标准化网络

经过了 20 世纪 60 年代和 20 世纪 70 年代前期的发展，人们对组网的理论、方法和技术的研究日趋成熟。为了促进网络产品的开发，各大计算机公司纷纷制定自己的网络技术标准，最终促成了国际标准的制定。到 20 世纪 70 年代末，国际标准化组织（ISO）成立了专门的工作组来制定计算机网络的标准。在研究并吸收了各计算机制造厂家的网络体系结构标准化经验的基础上，ISO 制定了开放系统互联参考模型（OSI/RM）。该模型旨在促进计算机之间的互联，以构建网络。OSI/RM 规定了可以互联的计算机系统之间的通信协议，遵从 OSI 协议的网络通信产品都是开放系统。这种统一的标准化产品互相竞争的市场对网络技术的发展起到了促进作用。图 7-3 所示为现代计算机网络。

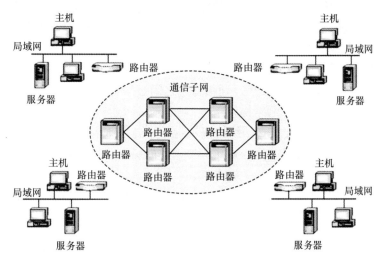

图 7-3　现代计算机网络

4．互联网的广泛应用与高速网络技术的发展

20 世纪 90 年代，网络技术领域最热门的话题是互联网与高速通信网络技术、接入网、网络与信息安全技术。互联网作为世界性的信息网络，在经济、文化、科学研究、教育与人类社会生活的各个领域发挥着越来越重要的作用。宽带网络技术的发展为全球信息高速公路的建设提供了技术基础。用户可以利用互联网实现全球范围的电子邮件发送、信息查询与浏览、文件传输、语音与图像通信。互联网对推动世界科学、文化、经济的发展有不可估量的作用。

7.1.3　计算机网络系统的组成

计算机网络是一个非常复杂的系统，网络的组成根据应用范围、目的、规模、结构及采用技术的不同而不同。

处于不同位置且具有独立功能和不同资源的计算机系统，通过通信设备和线路连接，形成计算机网络，并在网络协议和软件的支持下实现不同用户对网络资源的共享。从网络逻辑功能角度来看，计算机网络可以分为通信子网和资源子网。

通信子网处于网络的内层，由通信控制设备、通信线路等组成，它承担网络的传输、转发等任务。通信子网一般由路由器、交换机、服务器和通信线路等设备组成。

资源子网也称为用户子网，它位于网络的外层，由网络中的所有计算机系统、数据终端、网络设备、各种软件资源和信息资源等组成。资源子网负责全网的数据处理，向网络用户提供各种网络资源和网络服务。

计算机网络一般包括计算机系统、通信线路及通信设备、网络协议和网络软件。

1. 计算机系统

计算机系统的主要任务是进行数据的收集、处理、存储、传播，并提供资源共享。计算机网络连接的计算机可以是巨型机、大型机、微型机及其他数据终端设备。

2. 通信线路及通信设备

通信线路指各种传输介质及其连接部件，主要包括光纤、双绞线、同轴电缆等；通信设备指网络互联设备，包括网卡、集线器、交换机、路由器和调制解调器等。通信线路和通信设备负责控制数据的发送、传输、接收或转发。

3. 网络协议

为了使网络实现正常的数据通信，通信双方之间必须有一套彼此能够互相了解和共同遵守的规则，这些规则就称为网络协议。

现代网络大多采用层次结构，网络协议规定了分层原则、层间关系、信号传输的方向等内容。网络上的通信双方必须遵守规定的协议才能实现信息交流。

4. 网络软件

网络软件是在网络环境下用于使用或管理网络的计算机软件。根据软件的功能不同，网络软件可分为网络系统软件和网络应用软件。

网络系统软件用于控制和管理网络运行、提供网络通信和网络资源分配与共享功能，并为用户提供各种网络服务。网络系统软件主要包括各种网络协议软件、网络服务软件、网络操作系统等。其中网络操作系统是一组用于对网络内的资源进行统一管理和调度的程序集合，同时，网络操作系统也是网络用户和网络系统软件之间的接口。无论是什么样的网络环境，都需要网络操作系统的支持。网络操作系统除了具有一般操作系统的功能外，还具有网络环境下的通信、网络资源管理、网络服务等特定功能。网络操作系统是计算机网络软件的核心和基础。

网络应用软件是指为某个特定应用目的而开发的网络软件，如浏览器软件、即时通信软件、下载软件、远程教学软件、电子图书馆软件等。

7.1.4 计算机网络的分类

目前，计算机网络的分类方法有许多，常用的是根据网络覆盖范围或网络拓扑结构分类。

1. 按网络覆盖范围进行分类

（1）局域网

局域网（LAN）是将小区域内的各种网络设备互联在一起的网络，其分布范围局限在一个房间、一幢大楼或一所校园内，用于连接微型计算机、工作站和各类外设设备，以实现资源共享和信息交换。

局域网具有以下特性：数据传输速度快（一般为 10 Mbit/s～1 Gbit/s），存在于限定的地理区域（一般为几千米范围内），建造成本较低。

（2）广域网

广域网（WAN）也称远程网，其分布范围可达数百至数千千米，可覆盖一个地区、一个国家，甚至全球。

广域网具有以下特征：在地理范围上没有限制，长距离的数据传输容易出现错误，可以连接多种局域网，但建造成本很高。

（3）城域网

城域网（MAN）是介于局域网与广域网之间的一种高速网络，也可以视其为将局域网技术与广域网技术相结合的一种应用。它可以为一个较大的地理区域（几十千米的范围内）提供数据传输服务。

从技术角度来说，广域网和局域网在连接方式上有所不同。例如，一个局域网通常是在一个单位用本单位所拥有的电缆线连接起来的，即网络隶属于该单位；而广域网则不同，它通常是租用一些公用的通信服务设施连接起来的，如公用的无线电通信设备、微波通信线路、光纤通信线路和卫星通信线路等，广域网通过使用这些设备可以突破空间距离的限制。

2．按网络拓扑结构进行分类

网络拓扑结构是指网络节点和链路所构成的网络几何图形。网络中的各种设备称为网络节点，在两个节点之间传输信号的线路称为链路。按网络拓扑结构来分类，计算机网络可以分为星形网、环形网、总线型网、树形网、网形网和混合型网。

（1）星形网

星形拓扑结构是最早被采用的拓扑结构形式，其每个节点都通过连接电缆与主控机相连，如图 7-4 所示。相关节点之间的通信都由主控机控制，所以要求主控机有很高的可靠性。这种结构采用集中控制方式。其优点是结构简单，控制处理也较为简便，且易于增加工作节点。然而，其缺点是一旦主控机出现故障，将会导致整个系统瘫痪。

（2）环形网

环形拓扑结构由各工作站依次连接组成一个闭合的环形，如图 7-5 所示。信息沿环形线路单向（或双向）传输，由目的节点接收。环形拓扑结构适用于数据不需要在主控机上集中处理而主要在各节点进行处理的情况。其优点是结构简单，成本低；缺点是环中任意一个节点出现故障都可能引起网络瘫痪，因此可靠性较低。

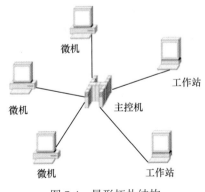

图 7-4　星形拓扑结构

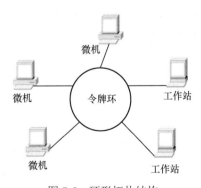

图 7-5　环形拓扑结构

（3）总线型网

总线型拓扑结构中的各个工作站通过一条总线连接，如图 7-6 所示。信息可以沿着两个不同的方向由一个节点传向另一个节点，是目前局域网中普遍采用的一种网络拓扑结构形式。其优点是工作站接入或从网络中退出都非常方便，系统中某工作站出现故障也不会影响其他节点之间的通信，系统可靠性较高，结构简单，建造成本低。

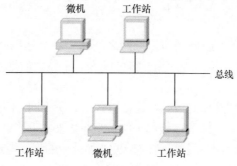

图 7-6　总线型拓扑结构

（4）树形网

在树形拓扑结构中，节点按照层次进行连接，信息交换主要在上下级节点间进行。其形状像一棵倒置的树，顶端为根，从根向下分支，每个分支又可以延伸出多个子分支，一直到叶节点为止，如图 7-7 所示。这种结构易于扩展，但是一个非叶节点发生故障很容易导致网络分割。

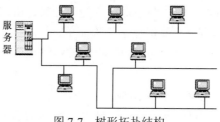

图 7-7　树形拓扑结构

（5）网形网

网形拓扑结构的控制功能分散在网络的各个节点上，网上的每个节点都有几条路径与网络相连，如图 7-8 所示。即使一条线路出现故障，通过迂回线路，网络依然能正常工作，但是必须进行路由选择。这种结构可靠性高，但网络控制和路由选择比较复杂，一般应用在广域网上。

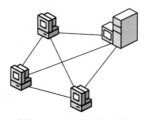

图 7-8　网形拓扑结构

（6）混合型网

将两种或几种网络拓扑结构混合起来构成的网络拓扑结构称为混合型拓扑结构。例如，图 7-9 所示为将星形拓扑结构和总线型拓扑结构混合起来形成的一种拓扑结构。

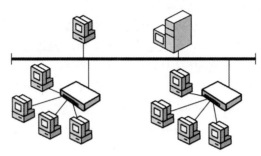

图 7-9　混合型拓扑结构

7.2　计算机网络体系结构

计算机网络体系结构抽象地定义了计算机网络的构成及各个网络部件之间的逻辑关系和功能，并给出了协调工作的方法和构建计算机网络必须遵守的规则。

7.2.1　网络体系结构概述

在研究计算机网络时，分层次的论述有助于清晰地描述其复杂性，从而帮助我们理解计算机网络体系结构。

1．网络协议

就数据发送方的计算机而言，为了把用户数据转换为能在网络上传送的电信号，需要对用户数据分步骤地进行加工处理，其中每一组相对独立的步骤可以被看作一个处理层。用户数据通过多个处理层的加工处理后，就会成为一个个包含目的地址、源地址、用户数据、数据校验信息等在内的能在网络上传输的电信号（比特流）。

在计算机网络中，用于规定信息的格式以及发送和接收信息的一套规则、标准或约定称为网络协议，简称协议。协议主要包括以下 3 个要素。

（1）语义

语义规定了控制信息的具体内容，以及发送主机或接收主机所要完成的工作。它主要解决"讲什么"的问题。

（2）语法

语法规定了网络通信时，数据的传输和存储格式，以及通信中需要哪些控制信息。它解决"怎么讲"的问题。

（3）时序

时序规定了计算机操作的执行顺序，以及通信过程中的速度匹配。它主要解决"顺序和速度"问题。

2．网络协议的分层

网络协议的分层就是按照信息的流动过程，将网络的整体功能划分为多个不同的功能层，每一层都建立在它的下一层之上，每一层的目的都是为它的上一层提供一定的服务。

网络系统采用层次化结构的优点如下。

① 各层之间相互独立，高层不必关心低层实现细节，可以做到"各司其职"。

② 某个网络层次的变化不会对其他层次产生影响，因此每个网络层次的软件或设备可单独升级或改造，有利于网络的维护和管理。

③ 分层结构提供了标准接口，使软件开发商和设备生产商分别易于提供网络软件和网络设备。

④ 分层结构的适应性强，只要服务和接口不变，层内实现方法可灵活改变。

3．网络体系结构

计算机网络层次模型和各层协议的集合称为网络体系结构。如何划分网络协议的"层"，才能使它既便于理论研究又便于工程实施呢？各国计算机网络理论研究学者和网络工程专家提出了多种方案，制定并公布了各自的网络体系结构。其中，有些网络体系结构得到了理论界的推崇而被不断补充和完善，有些网络体系结构在工程中得到了广泛的应用，还有些被 ISO 采纳，成为计算机网络的国际标准。常见的计算机网络体系结构有OSI-RM（开放系统互连参考模型）、TCP/IP（传输控制协议/网络协议）等。

7.2.2　OSI–RM

ISO 于 1978 年提出了 OSI-RM。OSI-RM 将计算机网络体系结构的通信协议分为 7 层，其内容包括通信双方如何及时访问传输介质，发送方和接收方如何进行联系和同步，指定信息传送目的地，提供差错监测和恢复手段，确保通信双方互相理解。

OSI-RM 从高层到低层依次是应用层、表示层、会话层、传输层、网络层、数据链路层和物理层。OSI-RM 要求双方只能在同级进行通信，但实际通信过程是自上而下，经由物理层通信，再自下而上发送到对等的层次，如图 7-10 所示。

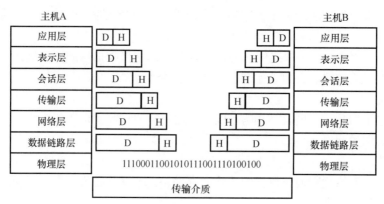

图 7-10　OSI-RM

1．物理层

物理层负责提供机械、电气、功能和过程特征，使数据链路实体之间建立、保持和终止物理连接。它对通信介质、调制技术、传输速率、插头等具体特性进行说明。

2．数据链路层

数据链路层用于实现以帧为单位的数据块交换，包括帧的装配、分解及差错处理的管理。如果数据帧被破坏，则发送端能自动重传。因此，帧是两个数据链路实体间交换的数据单元。

3．网络层

网络层主要用于控制两个实体间路径的选择，负责建立或拆除实体之间的连接。在局域网中，往往两个实体间只有一条通道，不存在路径选择问题，但涉及几个局域网互联时就要选择路径。在网络层中交换的数据单元称为报文组或包。网络层还具有阻塞控制、数据包顺序控制和网络记账等功能。

4．传输层

传输层用于提供两个会话实体（又称端到端、主机到主机）之间透明的数据传送，并进行差错恢复、流量控制等。该层实现了独立于网络通信的端到端报文交换，为计算机节点之间的连接提供服务。

5．会话层

会话层在协同操作的情况下保持节点间的交互性活动，包括建立、识别、拆除用户进程间的连接，处理某些同步和恢复问题。为了建立会话，双方的会话层应该核实对方是否有权参与会话，确定由哪一方支付通信费用，并在功能选择上达成一致。因此该层是用户连接到网络上的接口。

6．表示层

表示层用于进行数据转换，提供标准的应用接口和通用的通信服务，使双方均能理解接收到的对方数据的含义，如文本压缩、数据编码和加密、文件格式转换等。

7．应用层

应用层是通信用户之间的交互窗口。各种应用服务程序在此层进行通信，如分布式数据库、分布式文件系统、电子邮件等。

OSI-RM 对人们研究网络起到重要的指导作用，但是，OSI-RM 本身并不是网络体系结构的全部内容，这是因为它并未确切地描述各层的服务和协议，而仅仅告诉我们每一层应该做什么。OSI-RM 已经为各层制定了标准，它们是作为独立的国际标准公布的。

从理论上来说，OSI-RM 是一个试图达到理想标准的网络体系结构，因此一直到 20 世纪 90 年代初，整套标准才得以完善。尽管 OSI-RM 具有层次清晰、便于论述等优点，并得到了计算机网络理论界的推崇，但是符合该模型标准的网络却从来没有实现过。因为网络应用界认为，OSI-RM 实施起来过于繁杂，运行效率太低；还有人认为 OSI-RM 中层次的划分不够精细，许多功能在不同层中重复，且 OSI-RM 标准制定的周期过于漫长。因此，另一套实用的 TCP/IP 很快占领计算机网络市场，成为事实上的国际标准，并沿用至今。

7.2.3　TCP/IP

TCP/IP 是针对网络互联开发的通信协议簇，它使网络中的各种异构网或主机实现相互通信。与其他分层通信协议相同，TCP/IP 将不同的通信功能集成到不同的网络层次上，形成了一个具有 4 个层次的体系结构。TCP/IP 从高层到低层依次是应用层、传输层、网际层、网络接口层。TCP/IP 与 OSI-RM 的对应关系如图 7-11 所示。

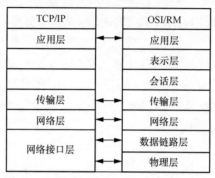

图 7-11　TCP/IP 与 OSI-RM 的对应关系

TCP/IP 协议簇包含了许多协议，如图 7-12 所示。一般来说，TCP 提供传输层服务，而 IP 提供网络层服务。

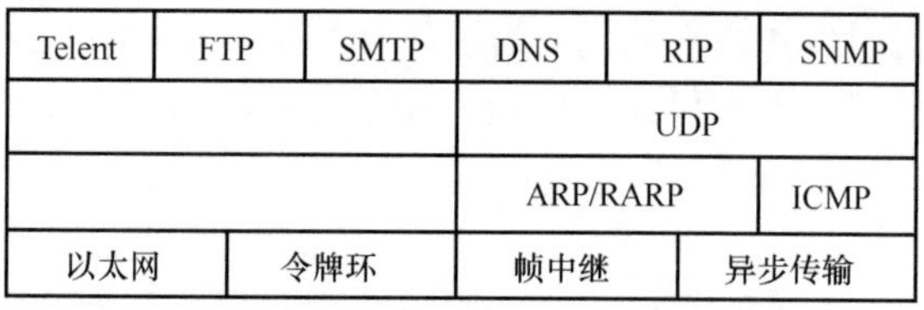

Telent	FTP	SMTP	DNS	RIP	SNMP
			UDP			
			ARP/RARP		ICMP
以太网		令牌环	帧中继	异步传输	

图 7-12　TCP/IP 协议簇

1. 应用层

应用层是指使用 TCP/IP 进行通信的应用程序。应用层协议可以分为以 TCP 为基础的协议、以 UDP（用户数据报协议）为基础的协议和既是 TCP 也是 UDP 的协议。

① 以 TCP 为基础的协议主要有文件传送协议（FTP）、简单邮件传送协议（SMTP）、超文本传输协议（HTTP）和远程上机（Telnet）协议。

- FTP 的功能是实现互联网中的交互式文件传输。
- SMTP 的功能是实现互联网中电子邮件的传输。
- HTTP 的功能是提供万维网服务。
- Telnet 协议的功能是实现互联网中的远程登录。

② 以 UDP 为基础的协议，主要包括简单网络管理协议（SNMP）。

- SNMP 的功能是管理网络效能，发现并解决网络问题，以及规划网络增长。
- TFTP 的功能是实现小文件的传输。

③ 既是 TCP 又是 UDP 的协议包含域名系统（DNS）和路由信息协议（RIP）。

- DNS 的功能是实现网络设备名称到 IP 地址映射的网络服务。
- RIP 的功能是实现网络设备之间的交换路由信息服务。

2. 传输层

传输层提供端到端的数据传输，确保数据交换的可靠性，并能同时支持多个应用。网络中的连接服务可以分为以下 3 种。

（1）无连接服务

这种服务的特点是能够实现网络之间的不可靠连接，相对应的以 UDP 为基础的协议也是不可靠协议。其优点是实现速度快，缺点是可靠性弱。

（2）面向连接服务

这种服务的特点是实现网络之间的可靠连接，相对应的以 TCP 为基础的协议也是实现网络之间的可靠性连接。其优点是连接可靠性强，缺点是速度慢。

（3）点到点服务

这种服务以直接连接方式实现两点之间的数据传输。其优点是可靠性强而且速度快，缺点是成本过高，不可能在互联网上实现。

传输层的主要协议是 TCP 和 UDP。TCP 提供面向连接的、可靠的数据传输服务，而 UDP 提供的是无连接的、不可靠的基于数据包的服务。在使用 TCP 进行数据传输的过程中，发送方在被传输数据中增加一些控制数据，接收方接收到数据后需要返回确认，这样就能确保数据交换的可靠性。使用 UDP 作为传输层协议的应用程序需要自行实现端到端的数据流控制，以保证一定的可靠性。UDP 通常用于需要快速传输的应用场景。

3．网络层

IP 是网络层中最重要的协议，它是一个无连接的数据报文分组发送协议。其功能包括处理来自传输层的分组发送请求、路径选择、转发数据报等，但并不具有可靠性，也不提供错误修复等功能。在 TCP/IP 网络上传输的基本信息单元是 IP 数据报。网络层的主要协议还包括地址解析协议（ARP）和反向地址解析协议（RARP），它们的主要功能是实现网卡的物理地址与 IP 地址的解析；互联网控制报文协议（ICMP）的主要功能是实现对 IP 的可靠性保障。

4．网络接口层

网络接口层用于提供网络硬件设备的接口。这个接口可能提供可靠的传送，也可能提供不可靠的传送；可能是面向数据报的，也可能是面向数据流的。TCP/IP 在这一层并没有规定任何协议，但可以兼容绝大多数的网络接口。

7.3　网络互联设备

在计算机与计算机，或客户端与服务器之间建立连接时，除了需要传输介质以外，还需要各种网络互联设备，如网卡、调制解调器、交换机、路由器等。下面按 OSI-RM 的不同层次对网络互联设备以及常见的网络传输介质进行介绍。

7.3.1　物理层网络设备

物理层的设备主要功能包括设备的物理连接与电信号匹配，以完成比特流的传输。

1．调制解调器

调制解调器是一种信号转换设备。在发送数字信号时，调制解调器将基带数字信号的波形转换成适合模拟信道传输的波形（这并不会改变数据的内容）；在接收时，解调器将经过调制器变换形成的模拟信号恢复成原来的数字信号。

按通信接入技术分类，调制解调器有以下 4 种类型。

（1）音频调制解调器

音频调制解调器利用公用电话交换网（PSTN）进行网络通信。最高传输速率为 56 Kbit/s。由于电话线路是普及率最高的通信线路，因此，它对使用环境的要求最低。

（2）ADSL 调制解调器

非对称数字用户线 ADSL（调制解调器）利用电话线路进行网络通信，最高传输速率为 8 Mbit/s，如图 7-13 所示。该设备对使用环境有一定的要求。

图 7-13　ADSL 调制解调器

（3）电缆调制解调器

电缆调制解调器利用有线电视（CATV）进行网络数据传输，最高传输速率为 10 Mbit/s。

（4）基带调制解调器

基带调制解调器主要应用于企业计算机网络，常用于连接企业本地路由器与远程路由器。

2. 中继器

中继器是一种用于对信号进行放大和整形的网络设备，如图 7-14 所示。信号在网络传输的过程中，因为线材本身的阻抗会使信号变得越来越弱，导致信号衰减失真；当网线超过一定长度时，信号就会衰减到无法识别的程度。中继器的主要功能是重新整理接收到的信号，使其恢复成原来的波形和强度，然后继续传送下去。这样一来，信号就可以被传输得更远。

图 7-14　中继器

3. 集线器

集线器是一种将多台计算机连接在一起，从而构成一个计算机局域网的网络互联设备。集线器实际上是一种多端口中继器，如图 7-15 所示。它采用共享带宽的方式进行数据传输。集线器只负责数据的传输，并进行同步、放大和整形处理；而对于数据传输中的缺帧、碎片等现象，无法进行有效的处理。因此，集线器不能保证数据传输的完整性和正确性。

图 7-15　集线器

集线器主要用于小型局域网，一般有 4、8、16、24 个 RJ-45 接口，计算机或网络交换机可通过这些接口进行连接。

集线器的最大优点是价格低廉。它的缺点：用户共享网络带宽；以广播方式传输数据，容易造成网络阻塞。

7.3.2　数据链路层网络设备

1. 网卡

网卡（又称网络适配器）是数据链路层的网络互联设备，如图 7-16 所示。有些计算机的主板上已经集成了网卡设备，因此不需要单独安装网卡。在服务器、路由器、防火墙等设备中，往往安装多个网卡。

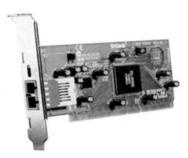

图 7-16　网卡

网卡一般采用 RJ-45 接口，笔记本电脑一般采用 USB 接口，部分服务器网卡采用光纤接口。网卡的数据传输速率有 10 Mbit/s、100 Mbit/s、1000 Mbit/s 等。有许多网卡既可以连接到 10 Mbit/s 的网络上，也可以连接到 100 Mbit/s 的网络上，这种网卡称为自适应网卡。

网卡应与网络传输介质类型匹配，网卡的质量在很大程度上决定了网络的性能。网卡故障可能导致网络阻塞或瘫痪。

服务器网卡应具备较高的数据传输速率、较低的 CPU 占用率，并具有网络管理等功能。

2. 网桥

网桥是一种数据链路层设备，主要用于连接两个同构但相互独立的计算机网络。同构主要指网络的拓扑结构和网络协议相同；独立的计算机网络指连接在不同的二层交换设备（如交换机）中的网络。

网桥的主要功能是进行数据帧转发、数据帧过滤和路径选择。网桥的连接方式如图 7-17 所示。

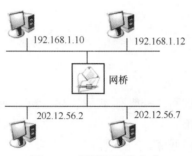

图 7-17　网桥的连接方式

在中小型计算机网络中，极少有单独的网桥设备，往往利用交换机作为一个多端口网桥设备。

3. 交换机

交换机从网桥发展而来，我国通信行业标准 YD/T 1099—2013《以太网交换机技术要求》对以太网交换机的定义是"以太网交换机实质上是支持以太网接口的多端口网桥。交换机通常使用硬件实现过滤、学习和转发数据帧。交换机应实现网桥功能中相应功能。"

交换机产品有以太网交换机、ATM 网交换机、程控电话交换机。计算机网络主要采用以太网交换机，如图 7-18 所示。

图 7-18　以太网交换机

7.3.3　网络层网络设备

1. 网关

网关主要用于连接两个异构且相互独立的网络，人们在早期也将路由器称为网关。网关可以在网络模型的不同层次工作，但是目前常见的网关是路由器，它属于网络层互联设备。在目前的局域网中，很少使用单独的网关产品，一般采用路由器作为网关。

2. 路由器

根据我国发布的 YD/T 1156—2009《路由器设备测试方法　核心路由器》，路由器是工作在 OSI-RM 的第 3 层（网络层）的数据包转发设备，如图 7-19 所示。路由器通过转发

数据包实现网络互联。虽然路由器支持多种网络协议（如 TCP/IP、IPX/SPX、AppleTalk
等），但是我国大多数路由器运行 TCP/IP。

图 7-19　路由器

路由器的主要功能如下。

（1）网络连接功能

路由器可以连接相同的网络或不同的网络，它既可以连接两个局域网，也可以连接局
域网与广域网，还可以连接广域网与广域网。

（2）通信协议转换功能

路由器可以实现不同网络之间通信协议的转换，如 TCP/IP、PPP、X.25、FR、ATM
等协议之间的转换。

（3）数据包转发功能

路由器可以在各个端口之间转发数据包。

（4）路由信息维护功能

路由器负责运行路由协议并维护路由表。

（5）管理控制功能

路由器的管理控制功能包括 SNMP 代理、Telnet 服务器、本地管理、远程监控、地址
分配等。

（6）安全功能

路由器的安全功能包括数据包过滤、地址转换、访问控制、数据加密、防火墙等。

7.3.4　传输介质

传输介质是指传送信息的载体。在网络中它是连接收发双方的物理线路。传输介质可
分为有线传输介质和无线传输介质。有线传输介质可传输模拟信号和数字信号，无线传输
介质大多传输模拟信号。

1．有线传输介质

常见的有线传输介质有双绞线、同轴电缆和光纤等。

（1）双绞线

双绞线由扭绞在一起的两根绝缘导线组成，导线对扭在一起可以减少相互间的辐射
电磁干扰。双绞线是最常用的传输介质，其结构如图 7-20 所示。双绞线一般是铜质的，
有良好的传导率。用双绞线传输模拟信号时，每 5～6 km 需要配置一个放大器；而用双
绞线传输数字信号时，每 2～3 km 就需要配置一个中继器，因此很少用双绞线传输数字
信号。

图 7-20 双绞线结构

双绞线也可用于局域网,如 10BASE-T 和 100BASE-T 总线,它们可分别提供 10 Mbit/s 和 100 Mbit/s 的数据传输速率。

双绞线普遍适用于"点到点"的连接。双绞线可以很容易地在 15 km 或更大范围内支持数据传输。局域网中的双绞线主要用于一栋建筑物内或几栋建筑物间的通信,但在 10 Mbit/s 和 100 Mbit/s 传输速率下,10BASE-T 和 100BASE-T 的总线传输距离都不超过 100 m。

双绞线的抗干扰性能不如同轴电缆,但双绞线比同轴电缆便宜。

(2)同轴电缆

同轴电缆也像双绞线一样由一对导体组成,其最里层是内芯,向外依次为绝缘层、屏蔽层,最外层则是起保护作用的塑料护套,内芯和屏蔽层构成一对导体。同轴电缆结构如图 7-21 所示。

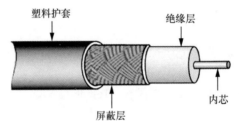

图 7-21 同轴电缆结构

同轴电缆分为基带同轴电缆和宽带同轴电缆。基带同轴电缆又可以分为粗缆和细缆两种,用于传送数字信号;宽带同轴电缆用于传输频分多路复用的模拟信号,也可用于不使用频分多路复用的高速数据通信和模拟信号的传输,闭路电视使用的 CATV 电缆就是宽带同轴电缆。

同轴电缆适用于"点到点"连接和多点连接,基带同轴电缆每段可支持几百台设备,在大型系统中还可以用转接器将各段连接起来;宽带同轴电缆可支持数千台设备,但在高数据传输速率(50 Mbit/s)下,设备数目一般限制在 20～30 台。

同轴电缆的抗干扰性能比双绞线好,但价格比双绞线高、比光纤低。

(3)光纤

光纤是光导纤维的简称,它由能传导光波的石英玻璃纤维(纤芯)和保护层(包层和涂覆层)构成。光纤结构如图 7-22 所示。相比于金属导线,光纤具有重量轻、线径小的特点。用光纤传输信号时,在发送端要先将电信号转换成光信号,并在接收端再经由光检测器将光信号还原成电信号。

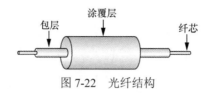

图 7-22　光纤结构

　　光纤在计算机网络中普遍采用"点到点"的连接方式，可以在几十万米的距离内不使用中继器传输，因此光纤适合在几个建筑物之间通过"点到点"的连接方式连接局域网。由于光纤具有不受电磁干扰和噪声影响的特征，因此它适宜在长距离内保持高速数据传输率，而且能提供很好的安全性。

2．无线传输介质

　　目前，用于通信的无线传输介质有微波、红外线、激光等。

（1）微波

　　微波通信分为地面微波通信和卫星微波通信两种方式，信号频率为 100 MHz～10 GHz。

　　地面微波通信主要利用地面微波进行通信。由于微波在空间内是直线传播的，而地球表面是一个曲面，其传播距离一般限制在 50 km 左右，而且微波不能穿透金属。因此，为实现远距离通信，需要建立微波中继站进行接力通信。

　　卫星微波通信就是利用地球同步卫星作为微波中继站，实现远距离通信的。作为微波中继站的卫星，其带有微波接收和发射装置，地面站将信号发送到卫星，再由卫星将信号转发至另一个地面站。当地球同步卫星位于 36000 km 的高空时，其发射角可以覆盖地球表面 1/3 的区域。

（2）红外线

　　电视机遥控器采用红外线进行通信，计算机网络也可以使用红外线进行数据通信。红外线一般局限于一个很小的区域（如在一个房间内），并且要求发送器直接指向接收器。红外硬件与其他设备相比更便宜，并且不需要架设天线。红外线通信示意如图 7-23 所示。

（3）激光

　　与微波通信系统相似，激光通信系统通常由两个基站组成，每个基站都配备发送和接收装置，安装在一个固定的位置（通常在一个高塔上），并且相互对准，以使一个基站的发送装置将光束直接发送至另一个基站的接收装置。

　　由于激光是直线传输的，而且激光光束不能被阻挡、不能穿透植物以及雪雾等，因此，激光传输的应用受到了一定的限制。激光通信示意如图 7-24 所示。

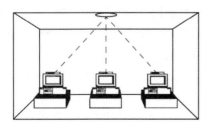

图 7-23　红外线通信示意

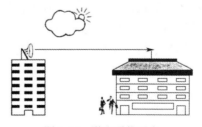

图 7-24　激光通信示意

7.3.5 其他网络设备

1．防火墙

防火墙是外部网络与内部网络之间的安全网关。防火墙是一种形象的说法，其实它是计算机硬件和软件的组合，它在内部网络与外部网络之间建立起一个安全的屏障，从而使内部网络免受非法用户的入侵。

防火墙可以工作在网络的各个层次上，如应用层的软件防火墙，以及传输层和网络层的硬件防火墙。因此，很难将它划分到某一个固定的层次。

防火墙程序主要有包过滤程序、代理服务器程序、路由程序等，有些防火墙还会把日志也记录在硬盘上。一般地，防火墙要具有非常高的稳定性，并且需要具备较强的系统吞吐能力。

2．网络服务器

"服务器"一词在网络中有两层含义：一层含义是指提供某种网络服务的系统软件，如常用的 DNS 服务器、Web 服务器、FTP 服务器、E-mail 服务器等；另一层含义是指运行某种网络服务软件的计算机（将其称为服务器主机更准确）。

与防火墙一样，服务器也可以在网络的各个层次上工作，如应用层、传输层和网络层等。因此，同样很难将它划分到某一个固定的层次。

从市场应用来看，我国很多网络节点都采用 IA 架构服务器。IA 架构服务器基于 PC 体系结构，采用 Intel 或与 Intel 兼容的 CPU（主要是 AMD 系列 CPU），因此 IA 架构服务器也称为 PC 服务器。

PC 服务器一般运行在 Windows、Linux、FreeBSD 等操作系统中，其突出的优势在于性价比高、应用软件丰富、用户群体庞大。

7.4 局域网技术

局域网技术是当前计算机网络研究和应用的热点之一，也是技术发展最快的领域之一。

7.4.1 局域网概述

1．局域网的定义

局域网技术是计算机网络技术中正处于飞速发展和广泛应用阶段的独立分支。

局域网是一种在局部范围内传递信息和共享资源的网络系统，广义上可将其理解为一种支持各类数据通信设备互联且支持信息交换和资源共享的计算机网络系统；狭义上可将其理解为在有限的距离内（如一幢或一群建筑物内）将计算机、终端及各类外部设备（如大容量硬盘系统、高速打印机等）通过高速传输线路连接而成的通信网络。

IEEE 认为局域网是一个允许诸多彼此独立的设施，在适中的地理分布区域内，以适中的传输速率，通过物理信道相互沟通的数据通信系统。IEEE 的定义强调了局域网与计算机类型的无关性，并指出局域网上的任意两台计算机之间都是无界限且可直接互通信息的。

目前流行的局域网种类繁多，例如，Novell 公司的 Novell 网、IBM 公司的 IBM 令牌环网、3COM 公司的 3COM Ether（以太）网、微软公司的 Windows NT 网等。随着计算机技术、网络通信技术及其应用的飞速发展，市场上将会出现更多、更先进的局域网产品。

2．局域网的特点

与广域网相比，局域网具有以下特点。

① 地理分布范围较小，一般作用范围为数千米。通常为某个单位所有，可以覆盖一幢大楼、一所校园或一家企业。

② 数据传输速率高，一般为 10 Mbit/s～100 Mbit/s。这是因为局域网范围内连接的节点数有限，较宽的总带宽被所有的节点共享。目前已出现传输速率达 1 Gbit/s，甚至 10 Gbit/s 的高速局域网，可用于交换各类数字及非数字（如音频、图像、视频等）信息。

③ 传输时延小、误码率低。这是因为局域网通常采用短距离基带传输，可以使用高质量的传输介质，从而提高数据传输质量。

④ 以 PC 为主体，包括终端及各种外部设备，局域网中一般不设置中央主机系统，各节点之间互为平等关系，可以进行广播或组播。

⑤ 局域网体系结构一般仅包含 OSI-RM 中的低层功能，即仅涉及通信子网的内容，而且一般都不单独设置网络层。

⑥ 局域网的协议简单、结构灵活，建网成本低、周期短，便于管理和扩充。

3．局域网技术

局域网技术包括拓扑结构、传输介质和介质访问控制技术。

① 拓扑结构：常见的局域网拓扑结构是总线型结构，其次为星形、环形和树形结构。

② 传输介质：局域网采用的主要传输介质包括双绞线、同轴电缆和光纤。

③ 介质访问控制技术：局域网采用的介质访问控制技术适用于总线型拓扑结构的载波监听多路访问协议，适用于总线型和树形拓扑结构的令牌总线协议，还适用于环形拓扑结构的令牌环协议。

7.4.2 局域网体系结构

局域网的体系结构与 OSI-RM 存在显著差异。因为物理连接及比特流的传输都需要通过物理层，所以物理层显然是必需的。然而局域网不存在路由选择问题，因此不需要网络层。由于局域网的种类繁多，其介质访问控制的方法也各不相同，为了简化数据链路层，可将局域网的数据链路层划分为两个子层，即介质访问控制（MAC）子层和逻辑链路控制（LLC）子层，如图 7-25 所示。

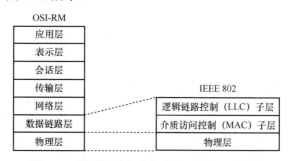

图 7-25　局域网的参考模型与 OSI-RM 的对比

因此，与 OSI-RM 相比，局域网的参考模型只相当于 OSI-RM 的数据链路层和物理层。其中，MAC 子层负责在物理层的基础上进行无差错的通信，并解决与各种传输介质有关的问题；而数据链路层中与介质访问无关的部分都集中在 LLC 子层。

7.4.3 以太网

用历史上曾经表示电磁波传播介质的"以太"命名的以太网，是目前应用最广泛的局域网之一。

以太网所采用的介质访问控制技术就是带冲突检测的载波监听多路访问（CSMA/CD）。尽管 IEEE 802.3 标准与以太网之间存在一定的差异，例如，IEEE 802.3 标准提供的服务对应于 OSI-RM 的物理层以及数据链路层中的 MAC 子层，但当不涉及网络协议的细节时，通常将 IEEE 802.3 标准作为以太网标准的同义词。

CSMA/CD 协议是一种争用型的介质访问控制协议。它的工作原理：发送数据前先监听信道是否空闲，若空闲，则立即发送数据；在发送数据时，可边发送边继续监听，若监听到冲突，则立即停止发送数据，并发送一个阻塞信号通知其他站点，等待一段随机时间后重新发送数据。

1．以太网的优点

以太网的优点如下。

① 传输速率较高，为高速信息传输提供了物理基础。

② 结构简单、灵活，便于扩充，易于实现。

③ 工作可靠，单个工作站发生故障不会影响整个网络的检测和诊断，便于维护和故障恢复。

2．经典以太网

经典以太网是 10 Mbit/s 的基带总线局域网，它提供了对各种协议和计算机平台的支持。经典以太网主要使用的电缆有同轴电缆和双绞线。使用不同的实现方法时，其所用的标准也是不同的。除了选用电缆的标准外，根据传输的速率和性能的不同，所用的标准也不尽相同。

以太网采用的拓扑结构和布线标准如下。

① 10BASE-T，双绞线缆，属于星形结构，最大单段电缆长度为 100 m。

② 10BASE-5，同轴电缆，属于总线型结构，最大单段电缆长度为 500 m。

③ 10BASE-2，同轴电缆（RG-58A/U 型），属于总线型结构，最大单段电缆长度为 185 m。

④ 10BASE-F，光缆作为主干电缆，属于星形结构，最大单段电缆长度可达 2 km。

3．快速以太网

1995 年，IEEE 802 委员会正式批准了快速以太网标准 IEEE 802.3u。IEEE 802.3u 标准在 LLC 子层使用 IEEE 802.2 标准，在 MAC 子层使用 CSMA/CD 方法，并在物理层做了调整，定义了新的物理层标准 100BASE-T。100BASE-T 标准采用介质独立接口（MII），它将 MAC 子层与物理层分隔开，使物理层实现 100 Mbit/s 速率时使用的传输介质和信号编码方式的变化不会影响 MAC 子层。

随着个人计算机数量和应用程序功能的不断增加，网络用户数量日益增多，产生的数据量也越来越大，因此网络带宽就成为增强网络功能的一个瓶颈。100BASE-T 快速以太网则较好地解决了这个问题。快速以太网显著提高了工作站和服务器的传输带宽，从而可以安全地增加网络的负载。

4. 吉比特以太网

随着多媒体、网络分布计算等技术的不断发展，用户对局域网带宽提出了更高的要求。虽然 100 Mbit/s 快速以太网是高速局域网方案中的首选技术，具有高可靠性、易扩展性、低成本等优点，但其带宽受到限制。为了适应日益增加的用户业务对带宽的需求，吉比特以太网应运而生。

吉比特以太网技术作为最新的高速以太网技术，给用户带来了优化核心网络的有效解决方案，这种解决方案的最大优点是继承了传统以太网技术价格低廉的特点。吉比特以太网技术采用与 10 Mbit/s 以太网相同的帧格式、全/半双工工作方式，以及流控模式。由于该技术不改变传统以太网的帧结构、网络协议、桌面应用、操作系统及布线系统，因此该技术有良好的市场前景。

吉比特以太网技术有两个标准，即 IEEE 802.3z 和 IEEE 802.3ab。IEEE 802.3z 制定了光纤和短程铜线连接方案的标准，目前已完成了标准制定工作；而 IEEE 802.3ab 则制定了在五类双绞线上较长距离进行连接的标准。

5. 以太网的物理地址

在以太网中，每一台网络主机都有一个硬件地址，这个硬件地址又称为物理地址或 MAC 地址。IEEE 802.3 标准为局域网规定了一种 48 位的地址，局域网的每台计算机都在网卡中固化了这个 MAC 地址，用以标识局域网内不同的计算机。MAC 地址由 6 字节的数据字符串组成，如 00-17-31-EF-ED-2D。前 3 字节代表网卡生产商，有些生产商可能有几个不同的生产商 ID；后 3 字节则代表生产商为具体设备分配的 ID。

在 Windows 操作系统中，可以使用 ipconfig/all 命令检测 MAC 地址，如图 7-26 所示。

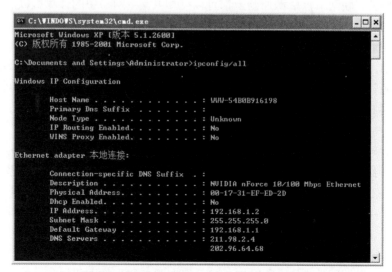

图 7-26　使用 ipconfig/all 命令检测 MAC 地址

7.4.4　网络操作系统

网络操作系统是为网络用户提供所需服务的各种软件和有关规程的集合，它使网络上的计算机更方便、有效地共享网络资源。因此，网络操作系统是网络用户和计算机网络的接口，它管理着网络上的硬件和软件资源，并为网络系统提供安全保障。

1．网络操作系统的发展与分类

近十几年来，网络操作系统经历了从对等结构向非对等结构的发展，其发展过程如图 7-27 所示。其中，变形级结构网络操作系统是以原有单机操作系统为基础，通过增加网络服务功能构成的网络操作系统。基础级结构网络操作系统则是以计算机裸机为基础，根据网络服务的特殊要求，直接利用计算机硬件与少量软件资源进行专门设计而开发的网络操作系统，常见的例子有 NetWare、Windows NT Server 等。

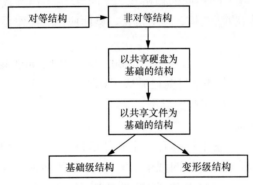

图 7-27　网络操作系统的发展过程

（1）对等结构网络操作系统

对等结构网络操作系统的特点是联网节点地位平等。安装在网络节点上的网络操作系统软件是相同的，联网节点资源原则上都可以互相共享。网络中的计算机以后台的方式工作，前台为本地用户提供服务，后台为其他节点的网络用户提供服务。网络中的任意两个节点可以互相通信。所以对等结构网络操作系统的优点是结构简单，资源共享便捷，节点间可自由通信；其缺点是每台计算机既是工作站又是服务器，节点计算机要承担较重的通信管理与资源管理工作，因而随着负载的增加，网络服务能力将明显下降。例如，早期的 Novell 公司的 Personal NetWare 和微软公司的 Windows for Workgroups 就属于这一类操作系统。

（2）非对等结构网络操作系统

针对对等结构网络操作系统的缺点，业界提出了非对等结构网络操作系统，即客户端/服务器模式的网络操作系统。在这种模式下，网络节点被划分为服务器和工作站两类。服务器通常采用配置较高的高性能计算机；工作站一般采用配置较低的低性能计算机，主要为本地用户访问本地资源和网络资源提供服务。非对等结构网络操作系统软件分为两部分：一部分运行在服务器上，另一部分运行在工作站上。由于服务器直接管理网络资源和服务，因此它是局域网的中心，所以安装与运行在服务器上的网络操作系统软件的功能与性能直接决定了局域网的服务功能、系统性能及安全性，是局域网的核心部分。

2. 网络操作系统的功能

网络操作系统是为满足计算机应用从大型机向微型机转变的需求而设计的。网络操作系统通常使用一台或几台高档计算机、工作站或大型机作为服务器，用于管理局域网中的共享资源，提供文件服务、网络打印服务、数据库服务与通信服务等功能，同时将用户使用的计算机连入局域网。尽管不同的计算机公司推出的网络操作系统都有各自的特点，但它们所提供的网络服务功能都比较相似。一般来说，网络操作系统具有以下基本功能。

（1）文件服务

文件服务是最基本和最重要的网络服务功能之一。它以集中方式管理共享文件，允许网络工作站根据所规定的权限对文件进行读、写和其他操作，文件服务器为网络用户的文件安全与保密提供了必需的控制方法。

（2）网络打印服务

网络打印服务也是最基本的网络服务功能之一。该服务可以通过设置专门的打印服务器来完成，也可以由文件服务器或工作站完成。通过网络打印服务功能，网络用户可以远程共享局域网中安装的一台或多台打印机。

（3）数据库服务

选择适当的数据库服务软件，可以优化网络操作系统的操作模式，有效地改善局域网的性能。通常，数据库服务采用客户端/服务器工作模式，客户端可以通过结构化查询语言向数据库服务器发出请求，服务器将查询结果返回客户端。

（4）通信服务

网络操作系统提供的通信服务主要有工作站之间的对等通信，以及工作站与服务器之间的通信。

（5）分布式服务

网络操作系统为支持分布式服务，增加了一种新的网络资源管理机制，即分布式目录服务。分布式目录服务将分布在不同地理位置的网络资源（如软件、硬件等），组织在一个全局性的、可复制的分布式数据库中，网络中的多台服务器可以持有该数据库的副本。用户在一个工作站上注册，便可以连接到多个服务器。

（6）网络管理服务

局域网操作系统提供了丰富的网络管理服务，可以进行用户管理、网络性能分析、网络状态监控、存储管理。

7.5 互联网的关键技术

互联网是全球性的网络，也是一种公共信息的载体，更是大众传媒的一种重要渠道。

互联网也是一个面向公众的社会性产品。世界各地的人们可以利用互联网进行信息交流和资源共享。互联网是人类社会上首个世界性的"图书馆"和全球性的"论坛"。它为用户提供了高效的工作环境，人们借用接入互联网的计算机可以调阅各种信息资料。

随着通信技术的发展，网络终端已经包括了台式计算机、移动计算机、智能手机、平板电脑、掌上游戏机等设备，甚至谷歌公司开发出来的眼镜、手表都可以上网。

1. TCP/IP 技术

TCP/IP 是互联网的核心。用户使用 TCP/IP 可以方便地连接多个网络。通常所说的某台主机在互联网上，就是指该主机具有一个互联网地址（IP 地址），并使用 TCP/IP 协议簇，可以向互联网上的其他主机发送 IP 数据报。

（1）TCP

TCP 处于通信子网和资源子网之间的传输层，利用 IP 层提供的不可靠的无连接的数据报，向应用层提供可靠的面向连接的服务。

TCP 采用确认应答和超时重发机制保证数据的可靠性。接收端收到正确的数据后，向发送端发回一个确认消息，若发送端在一定时间后还未收到确认回答，则认为数据出错或丢失，并马上重发该组数据。这样就保证了端到端间数据传输的可靠性。另外，TCP 还包括用于检查数据是否出错的校验和、防止数据失序与出现重复序号的措施。

（2）IP

在互联网中，IP 处于网络层，计算机之间的通信是以数据报为单元进行的。IP 规定了数据报的格式，数据报分为报头和数据两部分。报头包含发送者和接收者的 IP 地址，以及如何处理和传递数据报的控制信息。如果发送节点和接收节点处于不同的网络，则不能直接通信，而需要借助中间的一个或多个 IP 网关实现从源网络到目的网络的寻址。IP 数据报是在相邻网关间通过点到点传递的，每经过一个中间网关都采用"存储—路由选择—转发"方式处理数据报。由于 IP 地址已包含在 IP 数据报的报头中，因此它是网络寻址的主要依据。IP 数据报在传输过程中可能会出现失序、出错甚至丢失的情况，但 IP 不处理这些情况，而是由 TCP 来纠正。因此 IP 不保证传输的可靠性，它提供的是不可靠的无连接服务。

2. IP 地址

为了确保通信的双方能相互识别，在互联网上的每台主机都必须有一个唯一的标识，即主机的 IP 地址。IP 协议根据 IP 地址实现信息的传递。

IP 地址由 32 位（4 字节）二进制数组成，为方便书写，通常将每字节作为一段并以十进制数来表示，每段用"."分隔。例如，10.47.210.5 就是一个合法的 IP 地址。

IP 地址由网络标识和主机标识两部分组成。常用的 IP 地址有 A、B、C 这 3 类，每类地址均规定了网络标识和主机标识在 32 位二进制数中所占的位数。这 3 类 IP 地址格式如图 7-28 所示，它们的表示范围分别如下。

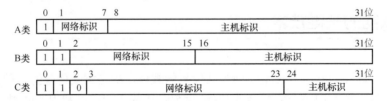

图 7-28   3 类 IP 地址格式

① A 类地址：0.0.0.0～127.255.255.255。

② B 类地址：128.0.0.0～191.255.255.255。

③ C 类地址：192.0.0.0～223.255.255.255。

A 类地址一般被分配给具有大量主机的网络使用，B 类地址通常被分配给中等规模的网络使用，C 类地址通常被分配给小型局域网使用，而并不常用的 D、E 类地址则有特殊用途。为了确保唯一性，IP 地址由世界各地的权威机构网络信息中心（NIC）管理和分配。

3．域名系统原理

32 位二进制数 IP 地址对计算机来说是十分有效的，但对于用户来说，要记忆一组无意义且无任何特征的 IP 地址很困难，为此，互联网引进了字符形式的 IP 地址，即域名。域名采用层次化的基于域的命名方案，每一层由一个子域名组成，子域名间用"."分隔，其格式为"主机名.网络名.机构名.最高域名"。

关于域名应该注意以下 5 点。

① 域名只能以字母开头，以字母或数字结尾，其他位置可使用字母、数字、连字符或下划线。

② 域名中不区分字母的大小写。

③ 各子域名之间以"."分隔开。

④ 域名中最左边的子域名通常代表计算机所在组织名，中间各子域名代表相应层次的区域，最高域名是标准化的代码。

⑤ 整个域名的长度不得超过 255 个字符。

在互联网上，域名和 IP 地址都是唯一的。互联网上的域名由 DNS 统一管理。DNS 是一个分布式网络系统，由域名空间、域名服务器和地址转换请求程序 3 个部分组成。凡域名空间中有定义的域名都可以通过 DNS 有效地转换为对应的 IP 地址，同样地，IP 地址也可通过 DNS 转换成域名。

网络实名是继 IP 地址、域名之后出现的第三代网络访问技术。用户使用企业、产品、商标等名称，即可通过浏览器、搜索引擎快速地找到企业或产品信息，而无须使用复杂的域名、网址，也不必在搜索引擎的成千上万个结果中反复查找。

4．IPv4 与 IPv6

目前普遍采用的 IP 协议称为 IPv4，即第 4 版互联网协议。IPv4 采用 32 位地址空间，可以提供约 43 亿个地址。随着互联网规模的不断扩大，现存的 IPv4 网络面临着可用地址空间枯竭和路由表急剧膨胀两大危机，IPv6 就是为了解决这些问题而提出的，IPv6 指的是第 6 版互联网协议，它将逐步取代 IPv4。

IPv6 在地址容量、安全性、网络管理、移动性以及服务质量等方面有明显的改善，是下一代互联网可采用的比较合理的协议。在 IPv6 中，每个地址占 16 个 8 位组，如此大的地址空间足以使 IPv6 适应各种地址分配策略。为了方便表示 IP 地址，IPv6 的设计者建议使用冒分十六进制表示法，即把每个 16 位的值用 4 位十六进制数表示，并用冒号将其分隔。

例如：

```
686E:8064:FFF0:3F00:0:1180:927A:32
```

其中，0000 和 0032 分别简记为 0 和 32，前面的 0 省略了。为进一步简化和方便使用，冒分十六进制还可以采用以下两种表示法。

① 冒分十六进制表示法允许零压缩，即多个连续的 0 可以用一对冒号来代替。

例如：

```
FF38:0:0:0:0:0:0:AA2 可以简写成 FF38::AA2
```

IPv6 规定，在一个 IPv6 地址中只能使用一次零压缩。

② 冒分十六进制表示法可以和点分十进制表示法的后缀联合使用。这种结合表示法在 IPv4 向 IPv6 的过渡阶段特别实用。

例如：

```
0:0:0:0:0:0:192.25.12.99
```

在这种表示法中，冒号所分隔的每个值是一个 16 位的量，但每个点分十进制部分的值是一字节的值。再使用零压缩即可得出：

```
::192.25.12.99
```

思考与练习

1．什么是计算机网络？计算机网络的基本功能是什么？

2．常用的拓扑结构有哪几种？各有什么特点？

3．什么是数据通信？数据通信方式有哪几种？

4．计算机网络由哪几部分组成？其中硬件部分包括哪些内容？

5．计算机网络协议的作用是什么？列举常见的网络协议名称。

6．画图说明 OSI-RM，简述各层的主要功能。

7．什么是局域网？简述局域网的特点。

8．IP 地址是什么？它和域名的关系是什么？请写出一到两个 IP 地址或域名。

9．简述 IPv4 与 IPv6 的区别。

第**8**章

大数据与人工智能

【知识目标】
　　① 掌握大数据的基本概念。
　　② 理解大数据的处理过程、熟悉大数据的应用。
　　③ 掌握人工智能的概念。
　　④ 理解人工智能技术、熟悉人工智能的应用。

【技能目标】
　　① 能够识别、描述大数据和人工智能在各自专业领域中的应用案例。
　　② 能够使用简单的数据分析工具进行基本的数据探索和分析。
　　③ 能够理解并应用人工智能技术解决简单的专业问题，如使用预测模型进行决策支持。

【素质目标】
　　① 培养对数据驱动决策的认识，提高批判性思维和解决问题的能力。
　　② 提升对人工智能技术发展趋势的认识，激发对新兴技术的兴趣和好奇心。
　　③ 强化数字伦理和数据安全意识，了解在数据使用中应遵守的道德规范和法律法规。

8.1　大数据

8.1.1　大数据概述

1. 大数据的起源与发展

　　人们通常认为，大数据起源于谷歌的"三驾马车"：谷歌文件系统（GFS）、分布式计算模型（MapReduce）和分布式表格（BigTable）。

　　2011 年 2 月，IBM 的沃森超级计算机每秒可扫描并分析 4TB 的数据量，并在美国电视节目上击败两名人类选手而夺冠，这一时刻被认为是"大数据计算的胜利"。

　　2015 年，国际电信联盟（ITU）公布了首个大数据标准——《基于云计算的大数据需求与能力标准》（编号 ITU-TY.3600），该标准是由中国电信牵头，法国电信、韩国电子技术研究院等机构联合制定的。

　　我国政府也高度重视大数据产业的发展，2014 年，"大数据"首次出现在当年的政府工作报告中。报告指出，要设立新兴产业创新平台，在大数据等方面赶超先进，引领未来产业发展。

2015 年，国务院正式印发《促进大数据发展行动纲要》。

2016 年，G20 杭州峰会发布了《G20 数字经济发展与合作倡议》，并提出了"数字经济"的新理念，这个理念一经提出便获得了高度认可，掀起了新一轮数字化建设热潮。在之后的四年里，国家各部委及地方政府相继出台了一系列文件，加大了支持大数据产业发展的力度。

2．大数据的概念

大数据是一个抽象的概念，它不仅反映在数据规模庞大，还反映在数据的模态类型、传递速度、潜在价值等方面。

根据麦肯锡全球研究所的定义，大数据是一种规模大到在获取、存储、管理、分析方面大大超出了传统数据库软件能力范围的数据集合，具有海量的数据规模、快速的数据流转、多样的数据类型和价值密度低四大特征。

根据 Gartner 公司给出的定义，大数据需要新的处理模式才能具有更强的决策力、洞察力和流程优化能力来适应海量、高增长率和多样化的信息资产。

根据 IBM 公司的观点，大数据是指所涉及的资料量规模巨大到无法通过目前主流的软件工具，在合理时间内完成撷取、管理、处理，并帮助企业经营决策的资讯。

3．大数据的特征

大数据具有以下 5 个基本特性。

（1）数据量巨大

数据量巨大主要体现在数据存储量大和数据增量大两个方面。庞大的数据规模是大数据主要的特性。而随着云计算等技术的发展，数据量也在不断增长，数据量已从 GB、TB 到 PB，甚至已经开始以 EB 和 ZB 为单位来计量。

（2）高速

高速指的是数据的产生和处理速度快。数据可以通过社交媒体、定位系统等应用而快速大量地产生。同时数据的处理速度也应加快，只有快速实时处理才可以更加有效地利用得到的数据。

（3）多样性

多样性主要体现在格式多样和来源多样两个方面。大数据产生的数据类型繁多，其中包括结构化、半结构化和非结构化数据，甚至包括非完整和错误数据。这是因为数据的来源多种多样，例如网页日志、电子邮件、传感器、智能手机等。数据的形式多样，包括文本、图片、视频、数字和音频。

（4）价值密度低

价值密度低是指虽然数据量庞大，但其中具有利用价值的信息并不多，因此需要通过特定的技术进一步挖掘，以提取最有用的信息来加以利用。

（5）数据真实性

大数据中可能包含未知数量的不准确数据，它们会对分析和决策的准确性产生副作用。借助一些大数据技术，在保证数据真实性的同时提高数据的质量，可以使数据能够更好地为人们所用。

8.1.2　大数据的处理过程

大数据的处理过程其实就是利用合适的工具采集数据源，按照一定的标准对其进行存储，再利用相关的数据分析技术进行分析，从而提取出有价值的数据。通常，大数据处理过程主要包括数据采集、数据管理、数据预处理、数据分析和数据可视化。

1. 数据采集

在数据采集过程中，数据源主要来自商业活动、互联网和传感器。根据数据源的不同，数据的采集方法也不同，常用的数据采集方法如下。

（1）传感器采集法

传感器是一种能把物理量或化学量转变成便于利用的电信号的器件，通常由敏感元件和转换元件组成，如可穿戴设备、摄像头等。如今的可穿戴技术不仅满足消费者的生活需求，而且可以被应用于提高牲畜饲养的资产跟踪管理。例如，为赛马穿戴传感器垫片和配置传感器的马蹄铁，帮助驯马师监控马匹的健康状况，记录它们的步态，上传数据，让各种算法监控马匹的行为、诊断疾病，有助于提升马匹的整体健康状况。

（2）系统日志采集法

大型企业积累了大量的软、硬件资源，包括交换机、路由器、防火墙、服务器、各类业务应用系统、中间件、数据库等。这些设备持续不断地记录了大量的日志文件。分析这些文件可以获得很多信息。

在大型企业网络中，日志源众多、格式各异、体量庞大，长期存储的数据量可达 TB 或 PB 级别。因此，很多企业都有自己的海量数据采集工具，多用于系统日志收集，这些工具均采用分布式架构，能满足每秒数百 MB 的日志数据采集和传输需求。

2. 数据管理

数据管理主要是对数据进行分类、编码、存储、索引和查询。数据管理技术经历了人工管理阶段、文件管理阶段、数据库管理阶段和大数据管理阶段。在大数据时代，由于处理的数据量急剧增加，且数据类型也更加多样，因此在大数据处理过程中出现了很多新技术，如 Hadoop。

Hadoop 是一个分布式计算平台，用户可以利用它轻松地开发和运行处理海量数据的程序。Hadoop 由很多部分组成，核心部分是 DFS（分布式文件系统）和 MapReduce。Hadoop 的最底层是 HDFS，它是谷歌文件系统 GFS 的开源实现，它可以存储大规模的数据集，具有高容错性，并且支持 Hadoop 所有服务。

3. 数据预处理

大数据采集过程中通常有一个或多个数据源。这些数据源容易受到噪声数据、数据值缺失、数据冲突等因素的影响，通常是不完整的、有噪声的、不一致的。因此需要对采集到的大数据集合进行数据预处理。

大数据的预处理主要包括数据清洗、数据集成、数据变换和数据规约等环节。

数据清洗的主要功能是补充部分数据缺失的属性值，统一数据格式、编码和变量，并检测和删除异常数据、无关数据。数据集成是将多个数据源中的数据结合起来并存储。数据变换是把原始数据转换成适合进行数据挖掘的形式。数据规约是指在尽量保持数据原貌的基础上，精减数据量，这样在规约后的数据集上进行分析和数据挖掘更有效率。

4. 数据分析

数据分析的主要功能包括常规统计查询、从数据中挖掘特定的模式，以及进行预测性分析。针对大数据处理的主要计算模型有 MapReduce 分布式计算系统、分布式内存计算系统、分布式流计算系统等。

MapReduce 是一个批处理的分布式计算机系统，是 Hadoop 的核心，最早由谷歌公司研究提出，可对海量数据进行并行分析与处理。MapReduce 来源于函数式语言中的内置函数 map 和 reduce，它的设计理念是利用函数式编程的思想，将数据的处理过程分为 Map 和 Reduce 两个阶段。MapReduce 处理过程，就是把一堆杂乱无章的数据按照某种特征归纳起来，然后进行处理，最终得到所需结果。

5. 数据可视化

数据可视化是指将大数据分析与预测的结果以计算机图形或图像的方式直观展示给用户，并与用户进行交互式处理。数据可视化技术有利于发现大量业务数据中隐含的规律性信息，可大大提高大数据分析结果的直观性，便于用户理解与使用。因此，数据可视化成为影响大数据可用性和易于理解性的关键因素。

大数据可视化除了可以使用 Python 的 Matplotlib 绘图库（见图 8-1），还可以使用高维数据可视化工具 Tableau、文本可视化工具 Wordle、网络可视化工具 Gephi 和可编程可视化工具 D3。

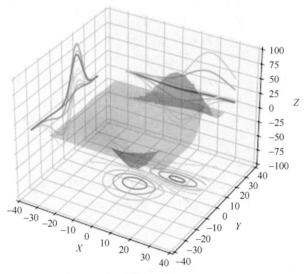

图 8-1　Matplotlib 绘制的三维曲线

8.1.3　大数据的典型应用

大数据的应用已经进入蓬勃发展阶段，我们在日常生活的方方面面都能看到大数据的影子。目前较为典型的大数据应用主要包括以下领域。

1．商业智能

商业智能是指用现代数据仓库技术、在线分析技术、数据挖掘技术等进行数据分析来实现商业价值。商业智能是较早的大数据应用，可以在多个方面提升企业的生产效率和竞争力。

例如，在市场方面利用大数据关联分析，可以更准确地了解消费者的使用行为，挖掘新的商业模式；在销售规划方面，利用大数据对比分析，优化商品定价；在运营方面，利用大数据分析优化人员配置，提高运营效率等。以阿里巴巴为例，每天数以万计的交易在淘宝平台上进行，与此同时相应的交易时间、商品价格、购买数量与卖家和买家的个人特征信息都会被匹配记录。这样消费者能够得到与自身需求接近的推荐，也能以更优惠的价格买到心仪的产品。商家可以了解自己品牌的市场状况、消费者行为等，制定合理的生产、销售决策。

2．智慧城市

物联网不仅是大数据的重要来源，也是大数据应用的重要市场。例如，智慧城市就是一个典型的基于物联网技术支持的大数据应用热点。

智慧城市运用信息和通信技术手段感测、分析、整合城市运行核心系统的各项关键信息，从而对包括民生、环保、公共安全、城市服务、工商业活动在内的各种需求做出智能响应。其实质是利用先进的信息技术，实现城市智慧式管理和运行，进而为居民创造更美好的生活，促进城市的和谐、可持续发展。

3．在线社交网络

在线社交网络是一种在信息网络上由社会个体集合及个体之间的连接关系构成的社会性结构，其数据主要来源于即时消息、在线社交平台、微博和共享空间等四大类应用。在线社交网络大数据分析基于数学、信息学、社会学、管理学等多个学科的融合理论和方法，从网络结构、全体互动和信息传播 3 个维度，为理解人类社会中存在的各种关系提供了一种可计算的分析方法。目前，在线社交网络大数据的应用包括网络舆情分析、网络情报搜集与分析、社会化营销、政府决策支持、在线教育等。

移动互联网时代，UGC（用户生成内容）不断发展，社交网络不断普及并深入人心。用户可以随时随地在网络上分享内容，由此产生了海量的用户数据。面对大数据时代的来临，复杂多变的社交网络会有很多实用价值。

4．健康医疗

健康医疗大数据是指所有与医疗卫生和生命健康活动相关的数据集合，它既包含个人从出生到死亡的全生命周期过程中，因免疫、体检、治疗、运动、饮食等产生的大数据，又包含医疗服务、疾病防控服务、健康保障服务、养生保健服务等多方面的第三方服务数据。

大数据分析可以在几分钟之内解码整个 DNA 序列，有助于我们找到新的治疗方法，更好地理解和预测疾病模式。试想一下，当来自所有智能手表、运动手环等可穿戴设备的数据，被应用于数百万人及其各种疾病时，未来的临床试验将不再局限于小样本。

大数据技术也开始用于监测早产儿和患病婴儿的身体状况。记录和分析每个婴儿的每一次心跳和呼吸模式，可以提前 24 小时预测出他们身体感染的症状，从而及时干预、拯救那些随时可能有生命危险的婴儿。

除了以上这些应用外，在提供个性化服务、提升科学研究、提升设备性能、改善安全和执法、提供体育运动技能和金融交易等方面，都可以看到大数据的身影。

8.2　人工智能及其应用

1956 年夏，麦卡锡、闵斯基等一批年轻科学家聚集一堂，共同研究和探讨用机器模拟智能的有关问题，并首次提出了人工智能（AI）这一术语，标志着人工智能这门新兴学科的正式诞生。

8.2.1　人工智能的定义

不同人对人工智能的理解不同。一些人认为，人工智能是通过非生物系统实现的任意智能行为的同义词，它们坚持认为，智能行为的实现方式与人类智能的实现机制是否相同并不重要。而另一些人则认为，人工智能系统必须能够模仿人类智能，以模仿人类智能为目标的人工智能，其定义千差万别。

尼尔逊教授认为，人工智能是关于知识的学科——研究怎样表示知识、怎样获得知识并使用知识。

麻省理工学院的温斯顿教授认为，人工智能就是研究如何使计算机执行过去只有人类才能完成的智能工作。

这些说法反映了人工智能学科的基本思想和基本内容。即人工智能是研究人类智能活动的规律，构造具有一定智能的人工系统，研究如何让计算机完成以往需要人的智力才能胜任的工作，也就是研究利用计算机的软、硬件来模拟人类某些智能行为的基本理论、方法和技术。

人工智能涉及计算机科学、心理学、哲学和语言学等多个学科，其范围已远远超出了计算机科学的范畴。人工智能与思维科学的关系是实践和理论的关系，人工智能处于思维科学的技术应用层次，是它的一个应用分支。

从思维角度看，人工智能不应局限于逻辑思维，还要考虑形象思维、灵感思维，这样才能促进人工智能的突破性发展。数学常被认为是多种学科的基础科学，数学进入语言、思维领域，人工智能学科也必须借鉴数学工具，它们因互相促进而更快地发展。

8.2.2　人工智能的研究领域

人工智能的研究领域非常广泛，包括自然语言处理、机器学习、神经网络、智能搜索、模式识别、深度学习、联邦学习、强化学习、计算机视觉、智能推荐、神经计算等多个方面。下面简单介绍几个常见的人工智能的几个研究领域。

1. 自然语言处理

自然语言处理就是指用计算机来处理、理解及运用人类语言的技术。语言是人类区分于其他动物的根本标志。没有语言，人类的思维也就无从谈起，所以自然语言处理体现了现阶段人工智能的最高任务。只有当计算机具备了处理自然语言的能力时，机器才算实现了真正的智能。

从研究内容来看，自然语言处理包括语法分析、语义分析、篇章理解等。从应用角度来看，自然语言处理具有广泛的应用前景。特别是在信息时代，自然语言处理的应用包罗万象，如机器翻译、手写体和印刷体字符识别、语音识别及转换、信息检索、信息抽取与过滤、文本分类与聚类、舆情分析和观点挖掘等。目前，自然语言处理的研究还包括开发可与人类动态互动的聊天机器人等。

2. 机器学习

机器学习就是指对计算机的一部分数据进行学习，然后对另一部分数据进行预测或者判断的过程。换句话说，就是让机器去分析数据并找出规律，通过找到的规律对新的数据进行处理。机器学习的核心任务是"选择某种算法解析数据，从数据中学习，然后对新的数据作出决策或者预测"。

3. 深度学习

我们在理解深度学习之前，先了解另外两个概念，一个机器学习，另一个是神经网络。简单来说，神经网络就是由许多"神经元"组成的系统，模拟人类的神经网络。何为神经元？神经元就是一个简单的分类器，用户输入一个数据，它会将数据分类。例如我们有一些猫狗的图像，把每幅图像放到机器中，机器需要判断这幅图像中的动物是猫还是狗。单个神经元存在一个缺点，即只能进行一次分类。

深度学习就是让层数较多的多层神经网络通过训练运行起来，并演化出一系列新的结构和新的方法的过程。

普通的神经网络可能只有几层，深度学习可以达到十几层。深度学习中的"深度"二字代表了神经网络的层数。现在流行的深度学习网络有卷积神经网络、循环神经网络、深度神经网络等。

4. 强化学习

强化学习如同人类学习，是一种封闭式的学习过程。它由一个智能代理组成，该代理与它的环境进行巧妙的交互以获得一定的回报。智能代理的目标是学习顺序操作，这与人类从现实世界中学习经验、不断探索新事物、不断更新价值观和信念一样。强化学习的智能代理也遵循类似的原则，并从长远角度获得最大化的回报。例如，谷歌公司的 AlphaGo 使用强化学习打败了围棋世界冠军。

5. 计算机视觉

斯坦福人工智能实验室主任李飞飞说过，如果我们想让机器思考，我们需要教它们如何看见。计算机视觉就是一门研究如何使用机器"看"的学科。更进一步说，就是指用摄影机和计算机代替人眼对目标进行识别、跟踪和测量等。

计算机视觉的主要任务是物体监测、物体识别、图像分类、物体定位、图像分割。它关注的是计算机如何在视觉上感知周围的世界。

6. 神经计算

长期以来，人脑一直给研究者们提供灵感，因为它从某种程度上以有效的生物能量支持我们的计算能力，并且以神经元作为基础激发单位。受人脑的低功耗和快速计算特点启发而诞生的神经形态芯片，在计算机领域已经不是一个新鲜话题了。

随着深度学习在神经元模型中的兴起，神经形态芯片再度兴起。研究人员一直致力于开发可直接实现神经网络架构的硬件芯片，这些芯片被设计，以在硬件层面上模拟大脑功能。在普通芯片中，数据需要在中央处理单元和存储单元之间进行传输，从而产生时间开销和能耗。使用神经形态芯片则可以大大节省时间和能量。

8.2.3　人工智能的典型应用案例

从机器翻译、智能推荐系统、机器人到智能车辆，无不体现了人工智能的应用。在每种应用背后，都包含了前文提到的一种或多种人工智能技术。

1．机器翻译

如今，当我们要获得某个术语或某段文字的英文表述时，很多人都会使用网络在线翻译器，如图 8-2 所示。当在左边输入"人工智能"和"物联网"时，右边就会出现二者对应的英文术语"Artificial Intelligence"和"Internet of Things"。而在线翻译的背后、离不开自然语言的处理。

图 8-2　百度的网络在线翻译器

2．智能推荐系统

智能推荐系统利用电子商务网站向客户提供商品信息和建议，帮助用户决定应该购买什么产品，模拟销售人员帮助客户完成购买过程。个性化推荐根据用户的兴趣特点和购买行为，向用户推荐他们可能感兴趣的信息和商品。

随着电子商务规模的不断扩大，商品个数和种类快速增长，顾客需要花费大量的时间才能找到自己想买的商品。为了解决这些问题，智能推荐系统应运而生。智能推荐系统是建立在海量数据挖掘基础上的一种高级商务智能平台，以帮助电子商务网站为其顾客购物提供完全个性化的决策支持和信息服务。

3．机器人

提到机器人，大家想到的可能是科幻电影中的人形机器人，它们拥有高智能大脑、手脚灵活、为人类执行艰难任务。电影中的机器人都有鼻子、眼睛、手、脚等，事实上，仿人形机器人只是机器人的一种。"机器人"是一个广义的词语，机器人是指自动执行工作的机器装置。它既可以受人类指挥，又可以运行预先编排的程序，它的任务是协助或取代人类的工作，如在建筑行业或危险环境中的工作。

2015 年，波士顿动力公司研制出了机器狗——Spot。Spot 能走能跑，还能爬楼梯、上坡、下坡。机器狗 SpotMini。2020 年，Spot 正式入职挪威 Aker 公司，成为该公司第一台拥有员工编号的机器人。

当今社会，机器人大致可以分为工业机器人、娱乐机器人、家用机器人等。

4．智能车辆

智能车辆是一个集环境感知、规划决策、多等级辅助驾驶等功能于一体的综合系统。它集中运用了计算机、现代传感、信息融合、通信、人工智能及自动控制等技术，是典型的高科技综合体。近年来，智能车辆已经成为世界车辆工程领域研究的热点和汽车工业增长的新动力，很多发达国家都将其纳入各自重点发展的智能交通系统。

除了传统的汽车生产商，谷歌、苹果、百度、腾讯、华为等企业也都开始涉及智能汽车领域，进行智能驾驶等业务的拓展，显示出智能驾驶发展的广阔前景。

我们有理由相信，随着人工智能、计算机网络、芯片技术的快速发展，智能驾驶功能会不断集成、提高和健全，在不久的将来会给人们带来更多、更好、更安全的智能体验。

思考与练习

1．什么是大数据？大数据的特征是什么？
2．简述大数据的处理过程。
3．什么是人工智能？
4．简述人工智能的研究领域。